복 있는 사람
오직 여호와의 율법을 즐거워하여 그 율법을 주야로 묵상하는 자로다.
저는 시냇가에 심은 나무가 시절을 좇아 과실을 맺으며 그 잎사귀가
마르지 아니함 같으니 그 행사가 다 형통하리로다.　　　　(시편 1:2-3)

하나님의 청년에게

J. C. Ryle

Thoughts for Young Men

하나님의 청년에게

J. C. 라일 지음 | 장호준 옮김

복 있는 사람

하나님의 청년에게

2012년 6월 4일 초판 1쇄 발행
2025년 4월 30일 초판 21쇄 발행

지은이 J. C. 라일
옮긴이 장호준
펴낸이 박종현

(주) 복 있는 사람
서울특별시 마포구 연남동 246-21(성미산로 23길 26-6)
Tel 723-7183(편집), 723-7734(영업·마케팅) | Fax 723-7184
hismessage@naver.com
등록 1998년 1월 19일 제1-2280호

ISBN 979-11-7083-261-4

Thoughts for Young Men
by J. C. Ryle

Copyright ⓒ 2002 by Charles Nolan Publishers
Originally published in English under the title
Thoughts for Young Men
Published by Charles Nolan Publishers
Moscow, Idaho, U.S.A.
All rights reserved.

Translated and used by the permission of Charles Nolan Publishers
This Korean edition Copyright ⓒ 2012 by The Blessed People Publishing Inc., Seoul, Korea.

이 책의 한국어판 저작권은 Charles Nolan Publishers와 독점 계약한 (주) 복 있는 사람이 소유합니다.
신저작권법에 의해 한국 내에서 보호를 받는 저작물이므로 무단전재와 복제를 금합니다.

차례

서문 _9

1장
청년들을 권면하는 이유 _11

2장
청년들이 빠지기 쉬운 함정 _35

3장
청년들에게 주는 권고 _63

4장
청년의 때를 위한 지침 _91

결론 _119

서문

사도 바울은 디도에게 목사의 책무를 말하면서 특별히 관심을 두어야 할 그룹으로 청년을 언급합니다. 연만한 남자와 여자, 청년을 언급한 후에 이런 권면을 덧붙입니다. "너는 이와 같이 젊은 남자들을 신중하도록self-controlled 권면하되"(딛 2:6). 이 사도의 권면을 따라 저도 청년들에게 몇 가지를 간곡히 권고하고자 합니다.

이렇게 나이가 많이 들었지만 청년 때의 일들만큼은 유독 기억이 생생합니다. 청년 시절 가졌던 무수한 열망과 오류, 잘못된 판단과 엉뚱한 열성, 수많은 유혹과 어려움, 소망과 두려움, 기쁨과 슬픔만큼은 이상하리만치 기억이 또렷합니다. 이제 몇 가지 권면으로 청년들을 바른 길로 인도하고, 이 땅의 삶과 영원한 장래를 망쳐 놓을 과오와 죄로부터 보호하는 데 도움을 줄 수 있다면 이보다 더 감사한 일도 없을 것입니다. 저는 이 책에서 네 가지, 곧 청년들을 권면하는 이유, 청년들이 빠지기 쉬운 함정, 청년들에게 주는 권고, 청년의 때를 위한 지침을 살펴보겠습니다. 각각의 항목마다 말하고자 하는 바가 몇 가지 있습니다. 몇몇 영혼이라도 이제 제가 말하는 것들로 유익을 누리기를 기도합니다.

1장 **청년들을 권면하는 이유**

청년들에게 권면이 필요한 몇 가지 이유를 순서대로 말해 보겠습니다.

1. 어디를 가든지 청년들 가운데 그리스도인을 찾아보기가 힘듭니다.

이것은 정말 가슴 아픈 사실입니다. 특정한 사람들을 염두에 두고 하는 말이 아닙니다. 전반적으로 그렇습니다. 부유하든 가난하든, 교양이 있든 없든, 많이 배웠든 못 배웠든, 도시든 시골이든 차이가 없습니다. 성령의 인도하심을 따라 사는 청년이 얼마나 적은지, 생명으로 인도하는 좁은 길을 가는 청년이 얼마나 적은지, 위의 것에 마음을 두고 살아가는 청년이 얼마나 적은지, 십자가를 지고 그리스도를 따르는 청년이 얼마나 적은지를 생각해 보면 두렵고 떨립니다. 이런 말을 해야 된다는 사실이 정말 가슴 아프지만, 제가 하는 말이 하나님이 보시기에 진실이라고 믿기 때문에 자신 있게 말합니다.

청년들이여, 여러분은 이 나라 인구 가운데 상당히 많은 수를 차지하고 가장 중요한 위치에 있습니다. 그런데 지금 여러분 영혼의 자리는 어디입니까? 여러분 영혼의 상태는 어떠합니까? 어디를 둘러보고 누구에게 물어보든 대답은 동일합니다! 신실한 복음사역자 아무나 붙들고 물어보십시오. 싱글인 청년들 가운데 성찬에 참여하는 사람은 몇 명인지, 구원 교리와 관련하여 가장 멀리 뒷걸음질 치는 사람들이 누구인지, 주일 예배를 가장 불규칙적으로 참석하는 사람들이 누구인지, 주중 성경공부와 기도모임에 나오도록 독려하기가 가장 어려운 사람들이 누구인지, 설교 시간에 가장 집중하지 못하는 사람들이 누구인지, 회중 가운데 가장 큰 근심거리가 되는 사람들은 누구인지, "마음에 큰 반성"이 필요한 르우벤 지파와 같은 사람들이 누구인지(삿 5:16, 새번역), 회중 가운데 가장 목회하기 힘든 계층이 누구인지,

청년들을 권면하는 이유

가장 자주 경계하고 책망해야 하는 사람들이 누구인지, 가장 큰 어려움과 슬픔을 불러오는 사람들이 누구인지, 영혼을 생각할 때 항상 두려운 생각이 들고 가장 소망이 없어 보이는 사람들이 누구인지 물어보십시오. 거의 틀림없이 "청년들"이라고 할 것입니다.

지구상 어느 나라든 부모들에게 물어보십시오. 가족 중에 누가 가장 큰 어려움과 고통을 주는지, 가장 많이 신경을 써야 하고 가장 자주 그들을 실망시키는 가족이 누구인지, 누가 가장 먼저 바른 길에서 벗어나고 유익한 충고와 권면을 가장 경솔하게 받는지, 가족 구성원 가운데 규모 있게 살도록 하기가 가장 어려운 사람이 누구인지, 가장 자주 죄에 빠지고 가족을 부끄럽게 하고 친구들을 불행하게 하고 형제들을 화나게 하고 가장 마음 아프게 하는 사람이 누구인지 물어보십시오. 장담하건대, 대답은 거의 항상 "청년들"입니다.

판사와 경찰들에게도 물어보십시오. 나이트클럽과 술집에 가장 자주 들락거리는 사람들이 누구인지, 폭력조직을 만들어 거리를 활보하는 자들이 누구인지, 과음과 경범

죄와 폭력과 절도와 강도와 같은 범죄로 가장 많이 체포되는 사람들이 누구인지, 구치소와 감옥을 들락거리거나 가택연금을 가장 많이 당하는 사람들이 누구인지, 끊임없는 경계와 감시가 필요한 사람들이 누구인지 물어보십시오. 대답은 거의 한 연령대로 쏠릴 것입니다. "청년들"입니다.

  부유층들은 어떻습니까? 이들의 말을 들어 보십시오. 어떤 가족을 보면, 자녀들이 항상 이기적인 욕망을 추구하느라 시간과 건강과 돈을 허비합니다. 다른 가족의 경우, 자녀들이 하는 일도 없이 빈둥거리면서 소중한 때를 낭비하고 있습니다. 직업은 있으나 왔다갔다만 할 뿐 일에는 전혀 신경 쓰지 않는 자녀들을 둔 가족도 있습니다. 나쁜 친구들과 어울리고 도박을 일삼고 큰 빚을 지고 항상 친구들을 불안하게 하는 자식을 둔 가족도 있습니다. 이들이 가진 지위나 명성이나 재물이나 지식으로도 이런 허랑방탕한 일을 막지 못하지 않습니까! 겉으로는 남부러울 것 없어 보이는 가족 안에도, 자녀에 대한 염려에 사로잡힌 아버지와 자녀 때문에 마음이 무너지는 어머니와 슬픔에 잠긴 가족의 가슴 아픈 이야기는 끊임없이 계속됩니다. 세상이 줄 수 있는 모든 것을 가진 많은 가족들 가운데 수치와 후회를 일으키지 않고 거명될 친척을 가진 사람들이 과연 얼마나 될까요! 자기 멋대로 살면서 그를 알고 있는 모든 사람들에게 근심거리가 되는 자녀, 형제, 사촌, 조카들이 얼마나 많은지 모릅니다.

부유한 가정들 중에 옆구리에 가시가 없는 가정이 없고, 얼룩과 오점이 없는 가정이 없고, 항상 고통과 염려를 가져다주는 자녀가 없는 가정이 거의 없습니다. 가정에 끊임없이 찾아오는 고통과 염려와 수치는 그 가정의 젊은이들에게서 비롯된 것이 대부분입니다.

이런 일들에 대해 우리가 무슨 말을 해야 하겠습니까? 이는 우리를 둘러싼 엄연한 현실이고 부정할 수 없는 사실입니다. 얼마나 끔찍한 일입니까! 제가 만나는 대부분의 청년들이 지옥으로 난 넓은 길을 가는 하나님의 원수이자 천국의 부적격자라는 사실을 생각하면 온몸이 떨립니다! 이런 사실을 보면서도 제가 청년인 여러분에게 권면하는 것을 의아하게 여기겠습니까! 저로 여러분을 권면하게 하십시오! 그래야 할 이유가 충분하지 않습니까!

2. 다른 사람들과 마찬가지로 청년들 역시 죽음과 심판을 향해 치닫고 있음에도, 이들은 이런 사실을 전혀 알지 못하는 것처럼 보입니다.

청년들이여, 여러분도 언젠가는 죽습니다. 지금 아무리 힘 있고 건강해도 곧 죽음의 날이 올 수 있습니다. 저는 노인들뿐 아니라 청년들 가운데도 아픈 사람들을 많이 봤습니다. 나이가 많아 죽은 사람뿐 아니라 젊은 나이에 죽은 사람도 장례를 치르곤 합니다. 무덤의 비석 곳곳에는 여러분보다 어린 나이에 묻힌 사람들의 이름이 많이 새겨져 있습니다. 어린아이와 노인들을 제외하면 열세 살부터 스물세 살 사이 연령대의 사망률이 가장 높다고 합니다. 그런데 여러분은 지금 결코 죽지 않을 사람인 양 살아가고 있지 않습니까!

내일은 이런 일에 관심을 기울일 수 있을 것이라고 생각합니까? 솔로몬의 말을 기억하십시오. "너는 내일 일을 자랑하지 말라. 하루 동안에 무슨 일이 일어날는지 네가 알 수 없음이니라"(잠 27:1). 임박한 위험을 경고하는 사람에게 구원받지 않은 사람이 "심각한 일은 내일 생각하겠다"라고 말했습니다. 하지만 그가 말한 내일은 그의 것이 아니었습니다. 내일은 마귀의 날입니다. 오늘만 하나님이 주신 구원의 날입니다. 여러분이 무엇을 내일 하기로 미루는 한, 여러분의 의도가 얼마나 영적인지, 여러분의 결심이 얼마나 거룩한지는 사탄의 관심사가 아닙니다. 이 문제와 관련하여 사탄에게 여지를 주지 마십시오! 모든 남자가 이삭과 야곱처럼 노년에 아비가 될 만큼 오래 사는 것은 아닙니다. 자기 아비보다 일찍 죽는 자녀들도 상당합니다. 다윗은 자신의 뛰어난 두 아들을 잃고 통곡해야 했습니다. 욥은 한 날에 열 자녀 모두를 잃었습니다. 여러분도 이들과 같은 운명을 맞이할지 누가 압니까? 사망이 문 앞에 이르렀는데 내일을 말하는 것은 부질없는 짓입니다. 즉시 죽음의 부름을 받아야 하기 때문입니다.

이런 일들에 대해 차분히 생각할 기회가 또 올 것이라고 기대합니까? 바울이 복음을 전할 때 벨릭스도 그랬고 아덴 사람들노 그랬습니다. 하지만 다음 기회는 오지 않았습니다. 지옥으로 난 길은 이런 생각들로 매끄럽게 포장되어 있습니다. 영원에 관한 일들은 할 수 있는 바로 그때 다루는 것이 낫습니다. 어느 것 하나도 해결하지 않은 채로 남겨 두지 마십시오. 섣불리 위험을 무릅쓰지 마십시오. 제 말을 믿으십시오. 영혼을 구원하는 일은 그리 간단치 않습니다. 젊은이와 노인 모두에게 이 "위대한 구원"이 필요합니다. 모두가 거듭나야 합니다. 모두가 그리스도의 피로 깨끗하게 되어야 합니다. 모두가 성령으로 거룩하게 되어야 합니다. 자신을 불확실한 상태에 방치하지 않고, 자신이 하나님의 자녀임을 입증하는 성령의 내적인 증거를 갖기까지 쉬지 않는 사람이 복된 사람입니다.

청년들이여, 여러분에게 주어진 시간이 많지 않습니다. 여러분의 남은 날들은 짧은 그림자요, 잠시 있다가 사라지는 안개요, 이내 끝날 짧은 이야기입니다. 여러분의 몸은 놋쇠로 만들어진 것이 아닙니다. 이사야는 말합니다. "소년이라도 피곤하며 곤비하며 장정이라도 넘어지며 쓰러지되"(사 40:30). 여러분은 한순간에 건강을 잃을 수도 있습니다. 갑자기 사고를 당하거나 열병을 앓거나 폐렴에 걸리거나 혈관이 터져 곧장 무덤으로 내려가 구더기의 밥이 될 수 있습니다. 여러분과 죽음 사이는 그저 한 걸음입니다. 오늘밤에 여러분의 영혼이 떠나갈 수도 있습니다. 이 땅에서의 날들은 속히 갑니다. 여러분의 날들이 그렇습니다. 여러분의 생명은 너무나 불확실한 반면에 죽음과 심판은 너무나 확실합니다. 천사장의 나팔소리를 듣고 백보좌 심판대 앞에 서야 할 것입니다. 히에로니무스Jerome가 항상 자신의 귓전을 울리고 있었다던 부름에 여러분도 응해야 할 때가 옵니다. "죽은 자여, 일어나 심판을 받으라." "내가 속히 오리라"고 만물을 심판하시는 이가 말씀하십니다. 무모하게 들릴지 몰라도, 저는 여러분을 그냥 이대로 심판대로 미끄러져 가도록 내버려 둘 수 없습니다.

오, 여러분 모두는 전도자가 하는 말을 귀담아들어야 합니다. "청년이여, 네 어린 때를 즐거워하며 네 청년의 날들을 마음에 기뻐하여 마음에 원하는 길들과 네 눈이 보는 대로 행하라. 그러나 하나님이 이 모든 일로 말미암아 너를 심판하실 줄 알라"(전 11:9). 이렇게 심판이 임박했음을 알면서도 아랑곳하지 않고 부주의하고 경박하게 살 수 있다는 것이 놀랍고 신기할 따름입니다! 죽음을 맞을 준비가 안 되었는데도 아무렇지 않게 사는 사람처럼 정신없는 사람도 없습니다. 이 세상에 사람들의 불신앙만큼 놀라운 것도 없습니다. 성경에서 가장 명확한 예언의 말씀은 "우리의 전한 것을 누가 믿었느냐"라는 탄식으로 시작합니다(사 53:1). 예수님은 "인자가 올 때에 세상에서 믿음을 보겠느냐"라고 말씀하십니다(눅 18:8). 청년들이여, 여러분 가운데 많은 이들에 대해 하늘 법정이 "이들은 믿지 않을 것이다"라는 판결을 내릴까 두렵습니다. 여러분이 사망과 심판의 실체를 마침내 알게 되었지만 때가 너무 늦은 것으로 드러날까 두렵습니다. 이런 두려움 때문에 저는 여러분에게 권고를 하지 않을 수 없습니다.

3. 지금 청년들은 자신의 모습만 의지하고 중요한 사실을 잊고 사는 것 같습니다.

청년의 때는 성년의 때를 위해 씨를 뿌리는 시기입니다. 일생의 삶을 위해 필요한 것들이 형성되는 시기이자 전체 사고의 전환점을 맞는 때입니다.

싹이 돋는 모습을 보면 어떤 나무로 자랄지 압니다. 꽃을 보면 열매를 짐작할 수 있습니다. 봄을 맞이해 보면 추수 때가 어떨지 판단이 섭니다. 아침으로 그날 하루를 가늠합니다. 청년 때의 성품으로 성년의 때에 어떤 사람이 될지를 전반적으로 짐작해 볼 수 있습니다.

청년들이여, 속지 마십시오. 지금은 자신이 하고 싶은 대로 정욕과 쾌락을 좇아도 성년이 되면 보다 수월하게 하나님을 섬기게 될 것이라고 착각하지 마십시오. 살기는 에서 같이 살아도 나중에는 결국 야곱 같이 죽을 수 있을 것이라고 생각하지 마십시오. 이렇게 생각하는 것은 하나님을 조롱하는 것입니다. 자기 영혼을 가지고 장난을 하는 것입니다. 최고의 능력과 꽃봉오리는 세상과 마귀에게 모두 바치고, 만왕의 왕께는 잔가지와 이파리 같은 남은 힘을 드리겠다는 불경한 생각은 집어치우십시오. 그런 식으로 하나님을 조롱하지 마십시오. 이는 있을 수 없는 일이고 있어서도 안되는 일입니다.

지금 당장 회개하지 않아도 나중에 때가 되면 회개할 수 있을 것이라고 생각합니까? 지금 자신이 무슨 짓을 하는지 모르고 하는 생각입니다. 회개와 믿음은 하나님이 주시는 선물인데도 하나님은 안중에 없이 계획을 세우는 것입니다. 지금처럼 계속 선물을 거절하면 하나님은 그것을 거두어 가실 것입니다. 물론 참된 회개는 아무리 늦어도 결코 늦은 것이 아닙니다. 하지만 늦게 회개하는 경우는 아주 드뭅니다. 최후의 순간에 회개하고 영생을 얻은 십자가의 강도를 보며 모든 사람은 소망을 잃지 않을 이유가 있습니다. 하지만 그것은 그 사람의 경우일 뿐입니다. 자신도 그럴 수 있을 것이라고 착각하지 마십시오. 물론 예수님은 "자기를 힘입어 하나님께 나아가는 자들을 온전히 구원하실 수 있"습니다(히 7:25). 하지만 동일한 성령이 이렇게 말씀하십니다. "내가 불렀으나 너희가 듣기 싫어하였고 내가 손을 폈으나 돌아보는 자가 없었고……너희가 재앙을 만날 때에 내가 웃을 것이며 너희에게 두려움이 임할 때에 내가 비웃으리라"(잠 1:24, 26).

제 말을 믿으십시오. 여러분이 원하면 언제든지 하나님께로 돌이킬 수 있는 것이 아닙니다. "죄악된 삶은 내리막길입니다. 한번 그 길에 들어서면 멈추고 싶어도 멈출 수 없습니다"라고 한 경건했던 레이턴Robert Leighton의 말은 정말 옳습니다. 거룩한 열망과 죄에 대한 진지한 깨달음은 백부장의 종처럼 우리가 오라고 한다고 오고 가라고 한다고 가는 것이 아닙니다. 오히려 욥기에 나오는 들소와 같이 여러분의 말을 무시하고 여러분의 바람을 저버릴 것입니다. 고대 한니발 장군은 자신이 침공한 성읍을 점령할 수도 있었지만 그렇게 하지 않았습니다. 하지만 나중에는 점령하고 싶어도 할 수가 없었습니다. 영생의 문제와 관련하여 여러분에게도 같은 일이 일어나지 않도록 조심하십시오.

왜 제가 이런 말을 합니까? 습관의 힘이라는 것이 무섭기 때문입니다. 어릴 때 바로 잡지 않으면 나중에 좀처럼 바뀌지 않는 것이 사람의 마음입니다. 저는 경험을 통해 이 사실을 깊이 깨달았습니다. 나이 들어서 사람이 바뀌는 경우는 흔치 않습니다. 습관은 시간이 갈수록 더 깊숙이 뿌리를 내립니다. 일단 죄악된 습관이 여러분의 마음에 자리잡도록 내버려 두면 나중에는 뿌리 뽑기 어렵습니다. 습관은 두 번째 본성입니다. 습관의 사슬을 끊기는 쉽지 않습니다. "구스인이 그의 피부를, 표범이 그의 반점을 변하게 할 수 있느냐. 할 수 있을진대 악에 익숙한 너희도 선을 행할 수 있으리라"고 예레미야 예언자는 말했습니다(렘 13:23). 습관은 언덕 아래로 굴러가는 돌과 같습니다. 구를수록 더 빨라져 아무도 손을 쓸 수가 없습니다. 습관은 나무와 같습니다. 시간이 갈수록 강하고 단단해집니다. 아무리 참나무라도 묘목은 어린아이도 구부릴 수 있습니다. 하지만 다 자란 참나무는 백 명의 장정이 달라붙어도 뿌리째 뽑기가 어렵습니다. 템스 강이라도 그 발원지는 어린아이가 걸어서 건널 수 있습니다. 하지만 강 하구에 이르면 세상에서 가장 거대한 배도 지나다닐 수 있는 폭이 됩니다. 습관이 그렇습니다. 습관은 시간이 지날수록 더 완고해집니다. 오랫동안 반복해 온 습관일수록 버리기가 힘든 법입니다. 우리가 자랄 때 함께 자라고 우리가 강해질수록 더 강해집니다. 습관은 죄를 키웁니다. 죄악된 행동을 반복하면 어느새 두려움과 후회가 사라지고 마음은 완고해지며 양심도 무뎌지고 우리 안에 있는 악한 성향이 강해집니다.

청년들이여, 제가 이 부분을 지나치게 강조하는 것 같습니까? 여러분이 저처럼 돌과 같이 차디차게 굳어져 곧 무덤에 묻힐 시신을 본 적이 있다면 결코 지나치다고 생각하지 않을 것입니다. 제 말을 믿으십시오. 영혼은 습관의 영향을 받을 수밖에 없습니다. 좋은 습관이든 악한 습관이든 습관은 매일 여러분의 마음속에서 강해져 갑니다. 날마다 하나님께로 가까이 가든 멀리 가든 둘 중 하나입니다. 회개하지 않은 채 한 해 한 해 지날수록 여러분과 천국을 가르는 담과 간극은 그만큼 더 높아지고 넓어지고, 두터워지고 깊어지기만 할 뿐입니다. 계속해서 죄 가운데 머묾으로써 마음이 굳어지는 것을 경계해야 합니다! 지금은 은혜 받을 만한 때입니다. 모든 것이 꽁꽁 얼어붙는 인생의 겨울이 오기까지 이 중요한 결정을 미루지 않도록 조심하십시오. 젊어서 주님을 찾지 않는다면 습관의 힘 때문에 영영 그분을 찾지 못하게 될 수도 있습니다. 저는 이것이 두렵습니다. 그래서 이렇게 호소합니다.

4. 마귀는 청년들의 영혼을 파괴하기 위해 혈안이 되어 있습니다. 특히 청년들에게 집중하고 있는데, 정작 그들은 그것을 모르는 것 같습니다.

사탄은 청년인 여러분이 다음 세대를 이끌어 갈 것을 너무나 잘 압니다. 그래서 여러분을 자기편으로 만들려고 온갖 술수를 동원합니다. 이러한 마귀의 궤계에 여러분이 무지하기를 원치 않습니다.

그래서 마귀는 청년들에게 모든 유혹 가운데서도 가장 치명적인 유혹으로 다가갑니다. 심혈을 기울여 여러분의 마음을 꼬드기기 위한 그물을 칩니다. 그의 권세 아래로 여러분을 끌어들이기 위해 가장 달콤한 미끼를 달아 둡니다. 꿀 바른 독약과 저주 받은 쾌락을 받아먹게 하기 위해 자신이 천재적인 재주로 빚은 그릇에 그것들을 담아 여러분의 눈앞에 두었습니다. 여러분은 마귀의 훌륭한 먹잇감입니다. 하나님께서 마귀를 꾸짖고 그의 손아귀에서 여러분을 구원해 주시기를 빕니다.

청년들이여, 마귀가 쳐 놓은 덫에 걸리지 않도록 조심하십시오. 마귀는 여러분의 눈에 재를 뿌려 자기가 쳐 놓은 덫의 실체를 분간하지 못하게 하려고 합니다. 악을 선으로 선을 악으로 착각하게 하려고 혈안이 되어 있습니다. 죄를 금으로 입히고 단장을 해 놓아 죄와 사랑에 빠지게 하려고 합니다. 진정한 기독교 신앙을 왜곡하고 위조해서 여러분이 기독교 신앙을 싫어하도록 만들려고 합니다. 악한 일들을 통해 얻는 쾌락만 부각시키고 그것이 가진 가시는 감추어 둡니다. 십자가와 고통만 부각시키고 그것을 통해 약속된 영원한 면류관은 보지 못하도록 멀리 치워 놓습니다. 그가 그리스도께 했던 것처럼, 그를 섬기기만 하면 모든 것을 준다고 약속합니다. 심지어 기독교 신앙이 가진 능력을 무시하기만 하면 기독교 신앙의 모양을 갖추게 해주겠다고 합니다. 여러분이 젊었을 때는 일찍부터 하나님께 열심을 낼 필요가 없다고 하고서, 막상 나이가 들어 생을 마감할 때가 가까우면 너무 늦었다고 둘러댑니다. 오, 제발 속지 마십시오!

이런 원수로 인해 자신이 얼마나 큰 위험에 처해 있는지 여러분은 모릅니다. 저는 여러분의 무지가 두렵습니다. 여러분은 수많은 함정과 수렁이 있는 길을 지나가는 소경과 같습니다. 사방에 도사린 위험을 도무지 알지 못합니다.

여러분이 대면하는 원수는 강력합니다. 그래서 "세상 임금"이라고 합니다(요 14:30). 공생애 내내 우리 주 예수 그리스도를 대적한 자입니다. 아담과 하와를 미혹하여 하나님이 금하신 실과를 먹도록 했고, 죄와 사망을 세상으로 불러들였습니다. 심지어 하나님의 마음에 합한 사람인 다윗까지 미혹하여 그의 말년을 아주 비참하게 만들었습니다. 예수님의 수제자인 베드로를 미혹하여 자신의 주를 부인하게 했습니다. 여러분은 하나님과 사람을 대적하는 이런 원수를 마땅히 경멸해야 합니다.

여러분의 원수는 쉴 줄 모릅니다. 졸지도 않습니다. 사자처럼 삼킬 자를 찾아 끊임없이 어슬렁거립니다. 항상 온 땅을 이리저리 다닙니다. 여러분은 정작 자신의 영혼을 소홀히 할 수 있지만 마귀는 그렇지 않습니다. 자신과 마찬가지로 여러분의 영혼이 비참한 지경에 이르도록 하기 위해 혈안이 되었습니다. 할 수만 있으면 여러분의 영혼을 움켜쥐려고 합니다. 여러분은 하나님과 인간을 향한 원수의 증오를 멸시해야 합니다.

여러분의 원수는 교활합니다. 수천 년 동안 단 한 권의 책만 줄기차게 봐 왔습니다. 사람의 마음이라는 책 말입니다. 그렇기 때문에 여러분의 원수는 여러분의 마음을 속속들이 압니다. 약점이 무엇인지, 무엇에 잘 속는지, 어떻게 해야 어리석은 짓을 하는지 훤히 압니다. 원수에게는 인간의 마음을 가장 해롭게 하는 오만 가지 유혹들을 은닉해 놓은 창고가 있습니다. 여러분이 어디에 있든 원수가 찾지 못

청년들을 권면하는 이유

할 곳은 없습니다. 도시든 광야든 어디든지 가 보십시오. 바로 그곳에 원수가 있을 것입니다. 주정뱅이들 가운데 있어 보십시오. 바로 그곳에서도 원수는 여러분을 부추길 것입니다. 설교를 듣는 자리에 있어 보십시오. 그곳까지 쫓아와 설교에 집중하지 못하도록 할 것입니다. 여러분은 이런 원수의 적의를 무시해야 합니다.

청년들이여, 여러분이 이 일을 깊이 생각하든 생각하지 않든 상관없이, 원수는 여러분의 영혼을 파멸에 이르게 하려고 갖은 애를 쓰고 있습니다. 원수는 여러분의 영혼을 상으로 얻기 위해 분주하게 싸웁니다. 원수는 여러분이 복을 받든지 저주를 받든지 둘 중 하나인 것을 압니다. 그래서 여러분을 자기 나라를 넓혀 가는 데 힘쓰는 자로 삼기 위해 일찍부터 여러분의 마음에 영향을 미치려고 애씁니다. 꽃이 제대로 피지 못하게 하려면 싹을 짓밟아야 한다는 것을 원수는 너무 잘 알고 있기 때문입니다.

도단에서 눈이 열려 불말과 불병거를 본 엘리사의 사환과 같이 여러분의 눈이 활짝 열렸으면 좋겠습니다! 여러분의 평화를 해치려고 사탄이 궤계를 꾸미는 모습을 여러분이 볼 수 있으면 좋겠습니다! 저는 여러분이 듣든 안 듣든 상관하지 않습니다. 여러분에게 긴박한 경고를 발할 뿐입니다. 여러분에게 강권하지 않을 수 없습니다. 이런 원수와 맞서야 하는 여러분을 어찌 혼자 내버려 둘 수 있겠습니까?

5. 청년들은 지금 당장 하나님을 섬기기 시작하라는 권고에 귀를 기울여야 합니다. 그렇게 함으로써 수많은 비극들을 피할 수 있기 때문입니다.

죄는 모든 슬픔과 비극의 어미입니다. 그중에서도 젊은 날의 죄보다 더 큰 비참함과 고통을 주는 죄도 없습니다. 어리석은 자는 이전에 했던 잘못을 그대로 되풀이합니다. 시간을 허비하고, 똑같은 잘못을 저지르고, 악한 자들과 어울리고, 자신의 몸과 영혼에 해를 끼치고, 행복해질 수 있는 기회를 팽개치며, 유용한 사람이 될 기회를 흘려보냅니다. 이런 일들은 늙어서 양심에 원통하고 쓰라린 후회를 가져다줍니다. 인생의 황혼녘을 짙은 슬픔으로 물들입니다. 노년을 회한과 수치로 채웁니다.

젊은 날의 죄로 예기치 않게 건강을 잃어버린 사람들의

이야기를 들어 본 적이 있을 것입니다. 질병 때문에 그들의 삶은 진저리 나는 것이 되고 말았습니다. 근력이 쇠하여 무게가 나가는 것은 좀처럼 들지 못합니다. 눈은 침침해진 지 오래고 기력이 벌써 다해 버렸습니다. 이들의 건강의 해는 이미 저물었습니다. 몸이 바싹 야위어 가는 것을 보며 슬퍼하는 것 외에 달리 할 수 있는 일이 없습니다. 제 말을 믿으십시오. 몸이 이렇게 되는 것을 받아들이기가 너무 어려울 것입니다.

게으름이 어떤 결과를 초래했는지 말하는 사람들도 봤을 것입니다. 이들은 미리 배울 수 있는 황금과 같은 기회를 놓쳐 버린 사람들입니다. 가장 왕성하게 무엇을 받아들이고 이해하고 기억할 수 있는 때에 지혜를 얻지 못했습니다. 하지만 지금은 너무 늦었습니다. 다시 배울 기회도 시간도 없습니다. 시간이 주어진다고 해도 젊은 때만큼 잘 배울 수 없습니다. 한번 지나긴 시간은 다시 돌이킬 수 없는데, 이 또한 인정하고 받아들이기 힘든 사실입니다.

판단을 잘못해서 고통으로 점철된 일생을 보낸 사람들의 이야기를 들을 수 있을 것입니다. 이들은 자기 마음대로 판단하고 살아간 사람들입니다. 다른 사람의 충고에 귀를 기울이지 않았습니다. 자신의 행복을 해치는 사람들을 사귀고 자신에게 전혀 맞지 않는 직업을 택했습니다. 뒤늦게 그런 사실을 깨닫기 시작하지만 아무 소용이 없습니다. 이 또한 얼마나 고통스러운 일입니까!

청년들이여, 젊은 날의 무수한 죄악들로 괴로워하지 않는 깨끗한 양심이 얼마나 큰 위로를 누리는지 여러분이 알기를 바랍니다. 젊은 날의 죄악은 가장 깊은 상처를 남깁니다. 이것은 사람의 영혼을 말리는 화살입니다. 영혼을 파고드는 작살입니다. 자신을 함부로 대하지 마십시오. 일찍부터 주님을 찾으십시오. 그러면 가슴 치며 눈물을 쏟지 않아도 될 것입니다.

이 진리를 깨달은 욥이 말합니다. "주께서 나를 대적하사 괴로운 일들을 기록하시며 내가 젊었을 때에 지은 죄를 내가 받게 하시오며"(욥 13:26). 그의 친구 소발은 악인에 대해 이렇게 말합니다. "그의 몸에 한때는 젊음이 넘쳤어도, 그 젊음은 역시 그와 함께 먼지 속에 눕게 될 것이다"(욥 20:11, 새번역).

다윗 또한 똑같은 사실을 느꼈던 것 같습니다. 그는 하나님께 이렇게 말합니다. "여호와여, 내 젊은 시절의 죄와 허물을 기억하지 마시고"(시 25:7).

위대한 스위스 종교개혁자 베자Theodorus Beza는 이 사실을 특별히 강하게 느꼈습니다. 그래서 그는 자신의 유언에서 하나님의 은혜로 열여섯 살에 세상으로부터 부름 받은 것을 하나님의 특별한 자비로 적고 있습니다.

지금 당장 신자들에게 물어보면 많은 이들이 같은 말을 할 것입니다. "젊은 날이 다시 온다면 얼마나 좋을까!" "젊은 시절을 좀 더 잘 보냈으면 좋았을 텐데!" "어렸을 때 나쁜 습관에 길들여지지 않았어야 했어!"

청년들이여, 할 수만 있으면 이런 비통함에서 여러분을 구하고 싶습니다. 사람들은 대부분 지옥을 너무 늦게 믿습니다. 여러분, 지혜로워지십시오. 젊은 시절에 뿌린 씨앗은 반드시 늙어서 거눕니다. 인생의 가장 소중한 때를 허비하지 마십시오. 황혼이 되어 전혀 위로가 되지 못할 일들로 슬퍼하게 됩니다. 여러분 자신에게 의의 씨앗을 심으십시오. 묵은 땅을 경작하고 가시덤불에 파종하지 마십시오.

손이나 입술로 죄를 다루기는 쉽습니다. 하지만 아무리 작은 죄라도 그 죄의 결과와 맞닥뜨려야 합니다. 이미 해결되었지만 남은 상처가 오랫동안 아픔과 고통을 주는 것처럼 여러분의 죄도 마찬가지입니다. 젖은 모래 위를 단 한 번 지나갔을 뿐인데, 마치 죽은 지 수천 년이 지난 짐승의 발자국이 지금 다시 발견되는 것처럼, 여러분의 죄도 반드시 드러납니다.

"경험은 다니기 힘든 학교인데, 어리석은 사람은 항상 이 학교에서만 배우려고 한다"는 속담이 있습니다. 저는 여러분 모두가 이 모든 것을 경험한 후에 깨닫는 비극을 피하기를 바랍니다. 젊은 날의 죄악이 초래하는 끔찍한 결과를 맞지 않기를 간절히 바랍니다.

2장 **청년들이 빠지기 쉬운 함정**

청년들이 경계해야 할 특별한 위험이 다섯 가지 있습니다. 그것을 차례대로 살펴보겠습니다.

1. 교만

물론 청년뿐 아니라 모든 인간 영혼이 엄청난 위험에 처해 있습니다. 나이의 많고 적음이 문제가 아닙니다. 모두에게는 각자가 달려야 할 경주가 있습니다. 싸워야 할 싸움이 있고, 겸비해야 할 마음이 있고, 이겨야 할 세상이 있고, 다스려야 할 육체가 있고, 싸워야 할 마귀가 있습니다. 이런 일들을 능히 감당할 사람이 있을까요? 연령대와 처한 상황에 따라서 각각 다른 종류의 덫과 유혹들이 있기 때문에 우리는 그것들을 잘 살펴보아야 합니다. 미리 경고를 받으면 먼저 무장할 수 있습니다. 제가 여러분을 설득해서 지금부터 언급할 위험에 대비하도록 할 수만 있다면, 이것이야말로 여러분의 영혼에 꼭 필요한 섬김이라고 확신합니다.

교만은 세상에서 가장 오래된 죄입니다. 그렇습니다. 심지어 세상이 있기 전부터 존재했던 죄입니다. 사탄과 그의 천사들은 교만으로 타락했습니다. 처음 자신들이 처한 상황과 위치가 마음에 들지 않았던 것입니다. 이 지옥의 최초 거주자들과 더불어 그곳을 가득 채우고 있는 것이 바로 교만입니다.

교만 때문에 아담이 낙원에서 쫓겨났습니다. 아담은 하나님이 자신을 두신 자리에 만족할 수 없었습니다. 그래서 자신을 더 높이려 하다가 그만 타락하고 말았습니다. 결국 교만은 죄와 슬픔과 사망을 가져왔습니다.

본성적으로 우리 마음에 자리하고 있는 것이 교만입니다. 우리는 모두 교만한 자로 태어났습니다. 교만은 우리 자신으로 만족하게 합니다. 지금 이대로도 아무 문제가 없다고 생각하게 하기 때문에 우리에게 필요한 충고를 받아들이지 않습니다. 그리스도의 복음을 거부합니다. 모든 사람을 자신의 방식대로 이끌어 가려고 합니다. 특히 청년들의 마음만큼 교만이 능력을 발휘하고 지배하는 곳도 없습니다.

대체로 청년들은 자만하고 거만해서 충고 받는 것을 견디지 못합니다! 사람들이 자신의 진가를 모르고 제대로 대접해 주지 않는다고 생각하면서 모든 주변 사람들에게 무례하고 버릇없이 굴기도 합니다! 연장자의 조언을 귀담아듣지 않으려고 합니다. 자신이 모든 것을 알고 있다고 생각합니다. 스스로 지혜롭다고 확신합니다. 나이 든 사람, 특히 한 집안의 연장자를 어리석고 둔하고 재미없는 사람으로 여깁니다. 모든 것을 알고 있으니 자신을 가르치려 들 필요가 없다는 것입니다. 그들에게 직접 말을 걸면 대단히 신경질적으로 반응합니다. 길들여지지 않은 망아지와 같습니다. 반드시 자기 생각대로 하지 않고서는 못 견딥니다. 이들은 욥이 언급한 사람들과 같습니다. "너희만 참으로 백성이로구나. 너희가 죽으면 지혜도 죽겠구나"(욥 12:2). 이 모든 것이 바로 교만입니다.

자기 아버지 솔로몬을 시중들던 원로들의 조언을 무시하고 자기 또래 젊은 신하들의 말을 따른 르호보암이 그런 사람이었습니다(대하 10:8). 그는 결국 자신의 어리석음에 대한 대가를 치렀습니다. 이런 사람들이 얼마나 많은지요.

비유에 나오는 탕자 역시 그런 사람이었습니다(눅 15:11-32). 그는 자신이 뜻한 대로 살기 위해 아버지에게 자신의 분깃을 요구했습니다. 아버지 밑에서 잠잠히 순종하며 지내기를 거부하고 먼 나라로 가서 살기를 바랐습니다. 그는 곧 자신이 어머니의 손을 놓고 혼자 걷겠다고 한 어린아이와 같이 어리석었음을 깨달았습니다. 돼지가 먹는 쥐엄열매를 먹지 않으면 안 되는 처지에 이르러서야 자신이 얼마나 어리석었는지를 깨달았습니다. 이런 청년들이 정말 많습니다.

청년들이여, 간곡히 부탁합니다. 교만해지지 않도록 조심하십시오. 세상에서 아주 보기 드문 광경이 두 가지가 있다고 합니다. 하나는 겸손한 청년이고, 다른 하나는 나이가 들어서도 만족할 줄 아는 사람입니다. 유감스럽게도 이것은 사실입니다.

여러분의 능력과 힘과 지식과 외모와 똑똑함을 자랑하지 마십시오. 자긍하지 마십시오. 어떤 것이든 자신이 가진 재능으로 우쭐해 하지 마십시오. 모든 자긍하는 마음은 자신과 세상을 제대로 알지 못하는 데서 나옵니다. 나이가 들어 더 많이 알게 될수록 자긍할 이유가 없음을 깨닫게 될 것입니다. 무지와 경험 부족이 교만의 토대입니다. 잘못된 토대가 무너지면 덩달아 교만한 마음도 무너집니다.

성경이 얼마나 자주 겸손한 마음의 탁월함을 우리에게 말하는지 보십시오. 성경은 얼마나 강하게 경고합니까? "마땅히 생각할 그 이상의 생각을 품지 말고"(롬 12:3). 성경이 말하는 바는 너무나 명백합니다. "만일 누구든지 무엇을 아는 줄로 생각하면 아직도 마땅히 알 것을 알지 못하는 것이요"(고전 8:2). 성경은 아주 분명하게 겸손하라고 명령합니다. "겸손함……을 옷 입듯이 입으십시오"(골 3:12, 새번역). 또 이렇게 말씀합니다. "모두가 서로서로 겸손의 옷을 입으십시오"(벧전 5:5, 새번역). 그런데 많은 사람들은 이 겸손의 옷을 서로 입지 않으려고 합니다.

우리 주 예수 그리스도께서 친히 보이신 겸손의 위대한 모범을 생각하십시오. 그분은 제자들의 발을 씻기시며 "내가 너희에게 행한 것 같이 너희도 행하게 하려 하여 본을 보였노라"고 말씀하십니다(요 13:15). 성경은 "부요하신 이로서 너희를 위하여 가난하게 되심은 그의 가난함으로 말미암아 너희를 부요하게 하려 하심이라"고 말씀합니다(고후 8:9). 또한 "오히려 자기를 비워 종의 형체를 가지사 사람들과 같이 되셨고 사람의 모양으로 나타나사 자기를 낮추시고 죽기까지 복종하셨으니 곧 십자가에 죽으심이라"고 말씀합니다(빌 2:7, 8). 교만은 그리스도가 아닌 마귀와 타락한 아담을 닮는 것임이 분명합니다.

세상에 살았던 가장 지혜로운 사람을 생각해 보십시오. 대표적인 인물로 솔로몬이 있습니다. 그는 자신을 아직 어떻게 처신해야 하는지도 알지 못하는 "작은 아이"라고 합니다(왕상 3:7). 안하무인이었던 그의 형제 압살롬과는 얼마나 다른 모습입니까? "내가 이 땅에서 재판관이 되고 누구든지 송사나 재판할 일이 있어 내게로 오는 자에게 내가 정의 베풀기를 원하노라"(삼하 15:4). "스스로 높여서 이르기를 내가 왕이 되리라"고 한 그의 형제 아도니야와는 또 얼마나 다릅니까?(왕상 1:5) 겸손은 솔로몬의 지혜의 근본이었습니다. 솔로몬은 자신의 경험을 따라 이렇게 적습니다. "네가 스스로 지혜롭게 여기는 자를 보느냐. 그보다 미련한 자에게 오히려 희망이 있느니라"(잠 26:12).

청년들이여, 앞에서 인용한 성경 말씀들을 가슴에 새기십시오. 자신의 판단을 너무 믿지 마십시오. 자신이 항상 옳고 다른 사람은 항상 그르다는 확신을 버리십시오. 연만한 사람들의 생각이 자신의 의견과 다를 때, 특히 여러분 부모의 생각이 여러분의 생각과 배치될 때 자신의 생각만을 고집하지 마십시오. 세월은 경험을 낳기 때문에 연장자를 존중하는 것이 지혜입니다. 욥기를 보면 엘리후에게 이런 지혜가 있었습니다. "엘리후는 그들의 나이가 자기보다 여러 해 위이므로 욥에게 말하기를 참고 있다가"(욥 32:4). 그러고 나서 이렇게 말했습니다. "나는 연소하고 당신들은 연로하므로 뒷전에서 나의 의견을 감히 내놓지 못하였노라. 내가 말하기를 나이가 많은 자가 말할 것이요 연륜이 많은 자가 지혜를 가르칠 것이라"(욥 32:6-7). 청년의 겸손과 침묵은 아름나운 은사입니다. 누구에게 무엇을 배우는 것을 전혀 부끄러워할 필요가 없습니다. 열두 살의 예수님도 배우는 자리에 있었습니다. 사람들이 성전에서 예수님을 발견했을 때 예수님은 "선생들 중에 앉으사 그들에게 듣기도 하시며 묻기도" 하셨습니다(눅 2:46). 가장 지혜로운 자들은 자신이 항상 배우는 자리에 있었으며 자신이 얼마나 아는 것이 적은지를 발견한 후에 겸손하게 되었다고 말할 것입니다. 위대한 아이작 뉴턴 경은 자신은 지식의 바닷가에서 소중한 조약돌 몇 개를 주운 어린아이보다 나을 것이 없다고 했습니다.

청년들이여, 지혜롭고 싶습니까? 행복하고 싶습니까? 교만을 조심하십시오. 이 경고를 절대 잊지 마십시오.

2. 쾌락을 사랑함

청년의 때는 정욕이 가장 왕성하게 일어나는 시기입니다. 그래서 제멋대로인 아이들처럼 마음껏 탐닉할 것을 찾아 이리저리 다닙니다. 청년의 때는 대체로 가장 건강하고 힘이 넘치는 시기입니다. 죽음은 남의 일이고 머나먼 미래처럼 여겨집니다. 이 세상에서 쾌락이 전부인 것 같습니다. 세상이 주는 염려와 불안이 두렵지 않습니다. 이런 이유로 청년들은 세상을 즐기는 것 외에 다른 것은 생각할 이유를 찾지 못합니다. "당신은 누구의 종입니까?"라는 물음에 "정욕과 쾌락이 제 주인입니다"라고 대답하는 청년들이 상당히 많습니다.

청년들이여, 쾌락을 좇다가 맞게 되는 모든 결과와 위험을 여기서 일일이 언급할 수 없습니다. 술취함과 흥청망청 즐기는 것과 도박과 영화와 춤과 같은 것들이 얼마나 좋지 않은 영향을 주는지 모를 사람이 없을 것입니다. 수시로 흥분하게 하고, 생각을 혼미하게 하고, 끊임없이 게으른 생각을 하게 만들고, 육체와 감각을 만족시키는 이 모든 것들이 여러분 같은 청년에게 미치는 영향은 엄청납니다. 이런 것들로 인해 쾌락을 사랑하게 되기 때문입니다. 경계를 늦추지 마십시오. 바울이 말한 것처럼 "쾌락을 사랑하기를 하나님 사랑하는 것보다 더하는" 사람이 되지 않도록 하십시오 (딤후 3:4).

이 땅의 쾌락에 빠져 있다면 제가 하는 말을 잘 기억하십시오. 그것들이 여러분의 영혼을 죽입니다. 육체와 생각이 원하는 대로 따라 행하는 것만큼 양심을 무디게 하고 하나님의 일에 대해 무관심하게 하는 확실한 길도 없습니다. 처음에는 아무것도 아닌 것처럼 보이겠지만, 조금만 더 시간이 지나 보면 무슨 말인지 깨닫게 될 것입니다.

베드로가 하는 말을 잘 생각하십시오. "영혼을 거슬러 싸우는 육체의 정욕을 제어하라"(벧전 2:11). 육신의 정욕은 영혼의 평강을 파괴하고 영혼으로 무기력하게 하고 영혼을 포로로 잡아 종 노릇 하게 만듭니다.

바울의 말을 숙고하십시오. "그러므로 땅에 있는 지체를 죽이라. 곧 음란과 부정과 사욕과 악한 정욕과 탐심이니"(골 3:5). "그리스도 예수의 사람들은 육체와 함께 그 정욕과 탐심을 십자가에 못 박았느니라"(갈 5:24). 몸이 영혼을 위한 완벽한 거처였던 적이 있었습니다. 하지만 지금은 어디 하나 성한 곳 없이 부패하고 무질서해졌기 때문에 항상 깨어서 잘 살펴봐야 합니다. 이제 더 이상 몸은 영혼을 돕는 자가 아닙니다. 영혼의 짐입니다. 도움이 아닌 장애물입니다. 유익한 종이 되어야 할 몸이 악한 주인 노릇을 하니 말입니다.

다시 바울의 말을 생각해 보십시오. "오직 주 예수 그리스도로 옷 입고 정욕을 위하여 육신의 일을 도모하지 말라"(롬 13:14). 경건했던 레이턴은 말합니다. "아우구스티누스

청년들이 빠지기 쉬운 함정

라고 하는 한 부도덕한 청년의 마음에 죄를 깨닫게 하고, 돌이켜 예수 그리스도의 신실한 종이 되도록 한 말씀이 바로 이 말씀입니다." 청년들이여, 여러분 모두에게도 이런 일이 일어나기를 바랍니다.

이 땅이 주는 쾌락에 마음을 빼앗긴 청년이 있다면 잘 기억하십시오. 쾌락은 만족을 모를 뿐 아니라 공허하고 무의미합니다. 요한계시록의 환상에 나오는 메뚜기 떼처럼 세상의 쾌락은 머리에는 관을 쓴 것처럼 보이지만, 조금만 자세히 보면 꼬리마다 쏘는 것이 달려 있습니다. 반짝인다고 모두 금이 아닙니다. 달콤한 맛이 난다고 다 몸에 좋은 것은 아닙니다. 잠시 있다가 사라질 즐거움은 진정한 기쁨이 아닙니다.

그래도 원한다면 한번 가서 세상의 쾌락을 누려 보십시오. 그것들은 전혀 여러분의 마음을 만족시키지 못할 것입니다. 잠언 30:15의 거머리처럼 항상 "다오! 다오!" 하고 내면에서 외치는 소리가 끊이지 않을 것입니다. 사람에게는 오직 하나님만이 채우실 수 있는 자리가 있습니다. 솔로몬이 경험으로 알았듯이, 여러분 역시 이 땅의 쾌락은 외양뿐인 부질없는 것임을 알게 될 것입니다. 만족을 약속하지만 공허함과 불만족만 가져다줄 뿐입니다. 겉으로 보면 근사하지만 안에는 썩어 문드러진 더러운 것들로 가득한 금도장을 한 관이나 다를 바 없습니다. 그러므로 아직 젊을 때에 지혜로워야 합니다. 이 땅의 모든 쾌락에 "독약"이라고 써 놓으십시오. 그중에 가장 합당하고 합법적인 것이라 할지라도 절제하며 사용해야 합니다. 여러분의 마음을 이 땅의 모든 쾌락에 빼앗겨 버리면 반드시 영혼에 파괴적인 결과를 맞게 됩니다. 이 땅이 주는 즐거움을 누릴 때는 먼저 그것이 죄악이 아니라는 것을 분명히 확인한 후에, 그것도 아주 절제하는 가운데 사용하고 누려야 할 것입니다.

또한 저는 주저하지 않고 경고합니다. 청년이라면 누구나 "간음하지 말라"는 제7계명을 잊지 말아야 합니다. 모든 부정한 것들 가운데 특별히 성적 문란함과 간음을 조심하십시오. 이 부분에 대한 하나님의 율법을 전하는 데 우리가 너무 인색하고 어색해 하는 것 같아 두렵습니다. 하지만 예언자와 사도들이 이 주제를 어떻게 다루었는지 보십시오. 우리네 교회의 종교개혁자들이 이 주제를 얼마나 공개적으로 다루었는지 보십시오. 많은 청년들이 르우벤과 홉니와 비느하스와 암논이 악한 길을 가는 것을 보면서도 이 주제에 대해 말하지 않는다면 제 양심이 가만 있지 못할 것입니다. 제7계명에 대해 우리가 제대로 가르치고 설교하지 않는 탓에 세상은 더욱 악해져 갑니다. 제가 볼 때 이 문제를 신중하게 다룬다는 이유로, 이것이 특별히 "청년의 때에 두드러진 죄"라는 사실을 말하지 않는 것은 옳지도 않고 성경적이지도 않습니다.

제7계명을 범하는 것은 다른 모든 죄보다 더 악한 죄입니다. 호세아가 말한 것처럼 이것이 "사람의 마음을 빼앗아" 가기 때문입니다(호 4:11). 이 죄는 사람이 범할 수 있는 그 어떤 죄보다 영혼에 깊은 상처를 남깁니다. 각 세대마다 수많은 청년들이 이 죄로 무너졌습니다. 심지어 하나님의 성도들도 이 죄로 망가져 버렸습니다. 삼손과 다윗은 두려운 예입니다. 사람들은 겁 없이 이 죄에 미소를 보냅니다. 스릴 있는 사랑, 어찌 해볼 수 없는 열애, 본성적인 욕구라고 미화합니다. 하지만 이는 마귀가 기뻐하는 죄입니다. 마귀는 "더러운 영"이기 때문입니다. 하지만 하나님은 이 죄를 가증히 여기시고 이 죄 범하는 자를 반드시 심판하실 것이라고 선언합니다(히 13:4).

청년들이여, 생명을 원한다면 음행을 피하십시오(고전 6:18). "누구든지 헛된 말로 너희를 속이지 못하게 하라. 이로 말미암아 하나님의 진노가 불순종의 아들들에게 임하나니"(엡 5:6). 음행을 저지를 것 같으면 그 자리를 박차고 나오십시오. 음행을 즐기는 무리와 어울리지 마십시오. 성적인 유혹에 빠질 만한 자리를 피하십시오. 우리 주님이 이 죄에 대해 무슨 말씀을 하시는지 보십시오. "음욕을 품고 여자를 보는 자마다 마음에 이미 간음하였느니라"(마 5:28). 거룩한 종 욥을 본받으십시오. "내가 내 눈과 약속하였나니 어찌 처녀에게 주목하랴"(욥 31:1). 음란한 말을 하지 마십시오. 대화에 음란한 기색조차 보이지 않도록 삼가십시오. 검은 기름은 살짝 닿기만 해도 손이 더러워집니다. 음란한 생각을 철저히 피하십시오. 그것들과 싸워 그것들을 죽이십시오. 그리고 기도하십시오. 음란에 굴복하느니 차라리 손해를 보고 희생을 감내하십시오. 상상력은 죄가 부화하는 온상이 됩니다. 생각을 지키고 마음을 지키십시오. 그러면 어떻게 행하든 크게 두려워할 것이 없을 것입니다.

지금까지 제가 권면한 몇 가지 경고의 말들을 곱씹어 보십시오. 다른 것은 다 잊어버린다고 해도 이것만큼은 잊지 마십시오.

3. 부주의함

수많은 영혼들이 지금도 계속해서 지옥의 불못으로 떨어지는 한 가지 분명한 이유는, 생각 없이 부주의하게 살아가기 때문입니다. 자기 주변을 살피지 않고 부주의하게 살아서 이르게 될 최후와 그 분명한 결과를 예상하지 못하다가, 결국 부주의함 때문에 정죄에 이르게 되는 것입니다.

청년들이여, 여러분이야말로 이런 위험에 가장 크게 노출되어 있습니다. 여러분은 주변의 경고나 위험에도 아랑곳하지 않고 부주의한 삶을 이어 갑니다. 잠잠히 진지하게 생각하는 것을 꺼리기 때문에 대부분 잘못된 결정을 내리고, 이로 인한 크나큰 근심과 슬픔을 겪습니다. 에서는 야곱이 만든 죽 한 그릇을 먹자고 장자권을 팔아 버렸습니다. 이 일이 장차 어떤 결과를 가져올지, 이로 인해 그가 얼마나 큰 고통 가운데 지내게 될지 주의하여 생각지 않은 것입니다. 젊은 시므온과 레위는 자기들의 누이 디나를 강간한 세겜 족속에 대한 보복으로 그들을 살해합니다. 이런 그들의 경솔한 행동이 자기 아버지 야곱과 그의 집에 어떤 근심과 문제를 초래할지 생각하지 않았습니다. 욥은 특별히 자신의 자녀들이 부주의한 삶을 살까 봐 항상 두려워했습니다. 성경은 이렇게 말씀합니다. "그들이 차례대로 잔치를 끝내면 욥이 그들을 불러다가 성결하게 하되 아침에 일어나서 그들의 명수대로 번제를 드렸으니 이는 욥이 말하기를 혹시 내 아들들이 죄를 범하여 마음으로 하나님을 욕되게 하였을까 함이라. 욥의 행위가 항상 이러하였더라"(욥 1:5).

제 말을 믿으십시오. 이 세상은 우리가 생각 없이 살아도 될 만큼 호락호락한 곳이 아닙니다. 더구나 우리의 영혼과 관련해서는 더욱 그렇습니다. "생각 따위는 필요 없다"라고 사탄은 속삭입니다. 회심하지 않은 마음은 장사꾼이 거짓으로 기록한 장부와 같습니다. 장부를 조금만 자세히 살펴도 금세 거짓이 드러나리라는 것을 사탄은 알고 있습니다. 하나님의 말씀은 "자기의 행위를 살필지니라"고 합니다

(학 1:7). 멈춰 서서 생각해 보라는 것입니다. 숙고하여 지혜롭게 행하라는 것입니다. 스페인의 속담에 "서두르는 것은 마귀로부터 온다"는 말이 있습니다. 성급히 결혼한 사람이 배우자 때문에 비참해 하는 것처럼, 이들은 자신의 영혼에 대한 결정을 성급히 내리는 바람에 수년 동안 괴로워합니다. 악한 종이 잘못을 저질러 놓고 "이렇게 될 거라고는 한 번도 생각해 보지 못했다"고 하는 것처럼, 청년들도 죄를 향해 달려간 후에 "이렇게 될 줄 몰랐다. 죄인 줄 몰랐다"고 합니다. 죄인 줄 몰랐다니요! 도대체 그럼 무엇을 기대했단 말입니까? 죄가 "나는 죄다" 하고 온단 말입니까? 죄가 그렇게 오면 큰 해를 끼치지도 못할 것입니다. 죄를 지을 때는 죄가 항상 "보암직도 하고 탐스럽기도 하고 즐거워" 보입니다. 지혜를 얻으십시오. 사려 깊게 생각할 줄 알아야 합니다! 솔로몬의 말을 기억하십시오. "네 발이 행할 길을 평탄히게 하며 네 모든 길을 든든히 하라"(잠 4:26).

제가 현실적이지 않은 이야기를 한다고 반박할 사람이 있을 것입니다. 청년의 때는 진지하고 사려 깊은 것을 기대할 시기가 아니라는 것입니다. 하지만 오늘을 진지하게 살아서 위험할 것은 없습니다. 어리석은 말과 농담과 과도한 오락 같은 것이 도처에 만연해 있습니다. 저는 지금 모든 것이 다 때가 있다고 말하는 것이 아닙니다. 하지만 항상 경박하게 행동하고 농담을 일삼는 것은 결코 지혜롭지 않습니다. 지혜자의 말을 들어 보십시오. "초상집에 가는 것이 잔칫집에 가는 것보다 나으니 모든 사람의 끝이 이와 같이 됨이라. 산 자는 이것을 그의 마음에 둘지어다. 슬픔이 웃음보다 나음은 얼굴에 근심하는 것이 마음에 유익하기 때문이니라. 지혜자의 마음은 초상집에 있으되 우매한 자의 마음은 혼인집에 있느니라"(전 7:2-4). 매튜 헨리Mathew Henry는 인생의 말년에 공직에서 은퇴한 후 진지한 생각에 잠겼던 엘리자베스 여왕 때의 한 위대한 정치가에 대해 말합니다. 전에 함께 어울리던 친구들이 찾아와 그가 많이 우울해졌다고 말하자, 그는 이렇게 대답했습니다. "그것이 아니고 나는 정말 심각하다네. 나를 둘러싼 모두가 심각하기 때문이지. 하나님도 나를 진지하게 주목하시고, 그리스도도 나를 위해 진지하게 중보하시고, 성령도 나와 함께 진지하게 싸우신다네. 하나님의 진리도 진지하고, 우리의 영적인 원수들도 우리를 멸망시키기 위해 벼르고 있지 않는가? 지옥으로 떨어진 가련한 죄인들은 또 얼마나 심각한지! 상황이 이런데 내가 어찌 진지하지 않을 수 있겠는가?"

오, 청년들이여, 사려 깊게 생각하는 법을 배우십시오! 지금 여러분이 무엇을 하고 있는지, 어디로 가고 있는지 진지하게 숙고하기를 배우십시오. 잠잠히 이런 일들을 생각하기 위한 시간을 마련하십시오. 마음으로 이야기하고 잠잠하십시오. 제가 하는 경고의 말을 잘 기억하십시오. 생각 없이 부주의하게 지내다가 멸망하지 않도록 하십시오.

4. 기독교 신앙에 대한 경멸

이 역시 청년인 여러분이 처한 또 다른 큰 위험입니다. 주위를 살펴보면 청년치고 기독교 신앙을 존중하는 사람은 많지 않습니다. 청년들을 보면 대개 예배에도 잘 참여하지 않고, 성경도 거의 읽지 않고, 찬양도 하는 둥 마는 둥 하고, 설교도 집중해서 듣지 않습니다. 기도모임이나 성경공부와 같이 영혼을 돕기 위해 마련된 주중모임에도 거의 참석하지 않습니다. 이런 모임은 나이든 사람이나 여자들에게 필요하지 청년들에게는 필요하지 않다고 생각하는 경향이 있습니다. 자신의 영혼을 염려하고 돌아보는 사람처럼 보이기를 부끄러워하는 것입니다. 심지어 천국에 관심을 갖고 천국을 향해 힘쓰는 사람처럼 보이는 것을 수치스럽게 생각하기도 합니다. 이는 기독교 신앙에 대한 경멸입니다. 엘리사를 조롱했던 벧엘의 젊은이들의 태도와 다르지 않습니다. 모든 청년에게 당부합니다. 이런 마음과 태도를 조심하십시오! 그리스도인이 되는 것이 가치 있는 일이라면, 기독교 신앙에 대한 열심 역시 소중한 일입니다.

거룩한 일을 업신여기는 것은 지옥으로 가는 지름길입니다. 기독교 신앙에 대해 농담을 일삼는 사람이 불신자로 드러나는 것은 전혀 새삼스럽지 않습니다.

청년들이여, 기독교 신앙을 경멸하거나 업신여기고 있습니까? 앞에 있는 지옥불을 보고도 계속해서 기독교 신앙을 업신여긴단 말입니까? 다윗의 말을 기억하십시오. "어리석은 자는 그의 마음에 이르기를 하나님이 없다 하는도다"(시 14:1). 미련한 자만이 스스로 증명하지도 못할 이런 어리석은 말을 합니다. 기억하십시오. 세상에 처음부터 마지막까지 모든 증거를 통해 참으로 드러날 책이 한 권 있다면 그것은 바로 성경입니다. 지금까지 성경은 모든 원수와 비방하는 자들의 공격을 거뜬히 이겨 냈습니다. "하나님의 도는 완전하고 여호와의 말씀은 순수하니"(시 18:30). 성경은 모든 방식으로 검증을 받았습니다. 성경을 검증하면 할수록 하나님의 역사라는 사실이 더 확연히 드러났습니다. 성경을 믿지 않으면 도대체 무엇을 믿는단 말입니까? 성경을 믿지 않는 사람이 믿을 것은 부조리하고 터무니없는 것들뿐입니다. 제 말을 믿으십시오. 성경이 하나님의 말씀임을 부인하는 사람은 세상 물정과 이치를 전혀 모르는 사람입니다. 성경을 하나님의 말씀으로 인정한다면 성경을 멸시하지 않도록 조심하십시오.

성경은 너무 어렵다고 사람들이 말할 것입니다. 당연합니다. 하나님이 친히 주신 책이니 어려운 내용이 있는 것이 당연합니다. 그러면 어떻게 해야 하겠습니까? 주치의가 치방한 약에 대해 제대로 모른다고 해서 그 약을 무시하고 복용하지 않겠습니까? 사람들이 무엇이라고 하든, 구원에 필요한 모든 내용은 정오의 햇빛처럼 분명합니다. 사람들이 성경을 거부하는 이유가 그들이 성경을 이해하지 못하기 때문이 아닙니다. 오히려 너무나 잘 이해하기 때문입니다. 성경이 자신들의 행위를 정죄하고 있음을 잘 알기 때문입니다. 성경이 자신의 죄를 증거하고 심판을 선언하고 있음을 잘 알기 때문입니다. 그런 성경이 참이라는 것을 믿고 싶지 않기 때문에 성경이 필요 없다, 잘못되었다고 하는 것입니다. 악을 일삼는 사람들은 항상 성경을 반대하고 거부합니다. 사람들이 기독교 신앙의 진리성에 대해 의문을 제기하는 것은 기독교 신앙을 따라 살고 싶지 않기 때문입니다.

청년들이여, 하나님께서 그분이 하신 말씀을 지키지 않으신 적이 있습니까? 하나님은 항상 그분이 말씀하신 대로 행하십니다. 항상 말씀을 이루십니다. 노아의 홍수 때 하나님의 말씀이 이루어지지 않았습니까? 그렇지 않습니다. 소돔과 고모라에 대해서는 어떻습니까? 믿지 않는 예루살렘에 대해 하신 말씀이 이루어지지 않았습니까? 아닙니다. 유대민족에 대해 하신 말씀은 어떻습니까? 그대로 이루어지고 있지 않습니까! 하나님은 결코 그 하신 말씀을 이루시지 않은 때가 없습니다. 하나님의 말씀을 멸시하는 자들이 되지 않도록 조심하십시오.

기독교 신앙을 조롱하지 마십시오. 거룩한 것들을 가지고 농담을 일삼지 마십시오. 자신의 영혼에 대해 진지하고 간절한 사람들을 놀리지 마십시오. 여러분이 경멸했던 사람들을 보고 복되다고 생각할 때가 올 것입니다. 여러분의 비아냥이 슬픔으로, 조롱이 심각함으로 바뀌는 때가 올 것입니다.

5. 사람들의 평가를 두려워함

사람을 두려워하는 자는 올무에 걸리게 됩니다(잠 29:25). 사람을 무서워함으로 받는 영향은 굉장히 큽니다. 청년의 때는 더합니다. 다른 사람을 의식하느라 자신의 생각에 따라 일관되게 살아가지 못하는 사람들이 얼마나 많은지요. 죽은 물고기마냥 조류에 따라 이리 휩쓸리고 저리 휩쓸립니다. 사람들이 옳나 여기는 것을 옳다 하고, 그들이 그르다 하는 것을 덩달아 그르다고 합니다. 세상에는 스스로 생각하는 사람들이 참 적습니다. 양과 같이 대부분의 사람들이 다른 누군가의 생각을 쫓아갑니다. 로마 가톨릭교가 유행이면 로마 가톨릭교도가 되고, 이슬람교가 유행이면 그냥 그것을 따라갑니다. 시대의 조류를 역행하는 것은 꿈도 꾸지 못합니다. 시대정신이 그들의 종교와 신조가 되고, 그들의 신과 경전이 됩니다.

"친구들이 뭐라고 할까? 나를 어떻게 생각할까?" 하는 생각이 이제 막 움트기 시작한 좋은 성향들을 갉아먹습니다. 사람들이 쳐다보고 비웃고 조롱할까 봐 두려워 많은 좋은 습관들을 잃어버립니다. 바로 오늘 읽어야 할 성경 말씀이 있고, 의지만 있으면 읽을 수 있습니다. 성경을 읽어야 한다는 것도 압니다. 하지만 주저합니다. "사람들이 뭐라고 할까?" 하는 생각 때문입니다. 바로 오늘 밤 무릎을 꿇고 기도해야 하는 것을 알지만 사람들 때문에 기도하지 못합니다. "내가 기도하는 모습을 아내나 친구나 동료가 보면 어쩌나" 하는 두려움 때문입니다. 정말 비굴하고 악하기 그지없는 종과 같은 모습이지만, 이런 일은 비일비재합니다! "내가 여호와의 명령과 당신의 말씀을 어긴 것은 내가 백성을 두려워하여 그들의 말을 청종하였음이니이다"라고 사울은 사무엘에게 말했습니다(삼상 15:24). 타락한 유다왕 시드기야는 "염려하건대 갈대아인이 나를 그들의 손에 넘기면 그들이 나를 조롱할까 하노라"고 했습니다(렘 38:19). 헤롯은 자신이 초대한 손님들이 자신을 어떻게 생각할까 두려워 "심히 고민하다"가 급기야 세례자 요한을 참수시키기에 이릅니다. 빌라도는 유대인들의 감정을 상하게 할까 봐 두려워서 불의한 일인 줄을 알면서도 예수를 군중에게 넘겨줘 십자가에 못 박히게 합니다. 이것이 종 노릇이 아니면 무엇이란 말입니까?

청년들이여, 여러분 모두가 이런 올무에서 자유롭기를 바랍니다. 자신이 해야 할 의무가 분명함에도 사람들이 어떻게 생각할까 두려워 그것을 억누르는 일이 없기를 바랍니다. 제 말을 믿으십시오. "아니요!"라고 해야 할 때 "아니요!"라고 말해야 합니다! 여호사밧은 선한 왕이었음에도 이렇게 하지 못했습니다. 아합을 대하는 태도를 분명히 하지 않아 많은 어려움을 겪었습니다(왕상 22:4). "아니요!" 하는 법을 배우십시오. 좋은 사람으로 보이지 않을까 두려워 "아니요!"라고 해야 할 때 그렇게 하지 못하는 일이 없도록 하십시오. 죄인들이 부추기고 꾈 때에 "악한 자가 꾈지라도 나는 따라가지 않겠노라"고 다짐하십시오(잠 1:10).

사람에 대한 두려움이 얼마나 불합리한 것인지 생각하십시오. 사람의 미움을 산들 그것이 얼마나 가며 또 이로 인해 무슨 해를 얼마나 당하겠습니까! "너희를 위로하는 자는 나 곧 나이니라. 너는 어떠한 자이기에 죽을 사람을 두려워하며 풀 같이 될 사람의 아들을 두려워하느냐. 하늘을 펴고 땅의 기초를 정하고 너를 지은 자 여호와를 어찌하여 잊어버렸느냐. 너를 멸하려고 준비하는 저 학대자의 분노를 어찌하여 항상 종일 두려워하느냐. 학대자의 분노가 어디 있느냐"(사 51:12-13). 이런 두려움을 갖는 것은 하나님께 배은망덕한 일입니다! 그렇게 한다고 여러분을 더 낫게 생각할 사람이 있을 것 같습니까? 세상은 항상 하나님 때문에 담대하게 행하는 사람을 가장 존경해 왔습니다. 오, 사람들의 눈치를 보는 이런 올무를 끊어 버리십시오. 여러분이 천국에 가기를 원한다는 사실을 사람들이 알게 되는 것을 부끄러워하지 마십시오. 여러분이 하나님의 종으로 드러나는 것을 부끄러워하지 마십시오. 의로운 일 행하기를 두려워하지 마십시오.

주 예수님의 말씀을 기억하십시오. "몸은 죽여도 영혼은 능히 죽이지 못하는 자들을 두려워하지 말고 오직 몸과 영혼을 능히 지옥에 멸하실 수 있는 이를 두려워하라"(마 10:28). 하나님을 기쁘시게 하는 데 진력하십시오. 그러면 하나님께서 다른 사람들이 여러분을 기뻐하도록 할 것입니다. "사람의 행위가 여호와를 기쁘시게 하면 그 사람의 원수라도 그와 더불어 화목하게 하시느니라"(잠 16:7). 청년들이여, 용기를 내십시오. 세상이 여러분에 대해 어떻게 말하고 생각하는지 신경 쓰지 마십시오. 천년만년 세상과 함께 있을 것이 아닙니다. 사람이 우리 영혼을 구원할 수 있습니까? 아닙니다. 위대하고 두려운 심판날에 사람이 여러분을 심판할 것입니까? 아닙니다. 이 땅에 사는 동안 사람이 여러분에게 선한 양심을 줍니까? 여러분이 죽을 때 다시 살 소망을 주고 부활의 아침에 좋은 대답을 주는 것이 사람입니까? 천만에요! 결코 그렇지 않습니다! 사람은 절대 이런 일을 할 수 없습니다. 그렇다면 이 말씀을 잘 기억하십시오. "너희는 내게 듣고 그들의 비방을 두려워하지 말라. 그들의 비방에 놀라지 말라. 옷같이 좀이 그들을 먹을 것이며 양털 같이 좀벌레가 그들을 먹을 것이나 나의 공의는 영원히 있겠고 나의 구원은 세세에 미치리라"(사 51:7, 8). 앨런 가디너Allen Gardiner가 한 다음 말을 잘 기억하십시오. "하나님을 두려워하는 나는 그분 외에 누구도 두렵지 않다." 청년들이여, 가서 여러분도 그와 같이 하십시오.

이상은 제가 청년 여러분에게 주는 권고입니다. 이것들을 마음에 깊이 새기십시오. 계속해서 상고해야 할 중요한 것들입니다. 제가 여러분에게 이렇게 말하지 않는다면 크게 잘못하는 것입니다. 주님도 이런 말들을 그냥 주신 것이 아니라고 분명히 말씀하십니다.

3장 청년들에게 주는 권고

다음으로, 청년이면 누구나 귀담아들어야 할 것들에 대해 말해 보겠습니다.

1. 죄가 얼마나 악독한지를 분명히 이해하고 있어야 합니다.
청년들이여, 죄가 무엇이고 지금까지 죄로 인해 어떤 일들이 초래되었는지를 안다면, 제가 죄의 문제로 여러분에게 이렇게 호소하는 것을 전혀 이상하게 여기지 않을 것입니다. 여러분은 죄의 실체를 제대로 보지 못하고 있습니다. 사람의 눈은 본질상 죄에 따르는 죄책과 위험을 보지 못합니다. 그러니 죄의 문제에 대해 제가 이토록 우려하는 이유를 여러분이 제대로 이해하지 못하는 것도 당연합니다. 오, 죄를 대수롭지 않게 여기도록 꼬드기는 마귀의 속임에 넘어가지 마십시오!

죄에 대해 성경은 무엇이라고 하는지 잠시 생각해 보십시오. 이 땅 모든 사람의 마음에 본질상 죄가 어떻게 거하는지(전 7:20, 롬 3:23), 죄가 어떻게 우리의 생각과 말과 행실을 오염시키고 계속해서 또 그렇게 하는지(창 6:5, 마 15:19), 죄가 어떻게 우리를 하나님 앞에서 모든 죄책을 가진 가증스러운 자들로 드러나게 하는지(사 64:6, 합 1:13), 죄가 어떻게 우리 스스로는 아무런 구원의 소망을 갖지 못하도록 하는지(시 143:2, 롬 3:20), 죄로 인해 이생에서 어떤 수치를 당하게 되고 그 삯으로 맞닥뜨려야 할 것—사망—이 무엇인지(롬 6:21, 23)를, 잠잠히 생각해 보십시오. 죄로 인해 죽어 가면서 죄가 무엇인지 모르는 것은, 암으로 죽어 가면서 자신이 암에 걸린 줄 모르고 살아가는 것과 다르지 않습니다.

죄로 인해 우리의 모든 본성에 어떤 변화가 초래되었는지 생각해 보십시오. 사람은 더 이상 하나님이 처음 흙에서 지으신 그 모습이 아닙니다. 하나님께서는 사람을 의롭고 죄가 없는 자로 지으셨습니다(전 7:29). 하나님이 지으신 다른 모든 것과 마찬가지로 보시기에 심히 좋았습니다(창 1:31). 그런데 지금은 어떻습니까? 어느 한구석도 성한 곳 없이 부패와 타락으로 오염되어 있습니다. 마음은 느브갓네살 왕과 같이 이 땅의 것으로 가득해서 도무지 위의 것을 바라볼 생각조차 하지 않을 만큼 저급하게 되었습니다. 그의 감정은 무질서한 집안의 가솔들처럼, 주인을 주인이라 부르지 않을 만큼 모든 혼란과 무절제와 방종으로 치닫습니다. 그의 지성은 소켓에서 깜빡거리는 등처럼 선과 악을 분별하지 못하여서 전혀 바른 길로 인도하지 못합니다. 그의 의지는 하나님의 길을 택하기보다는 키 없는 배처럼 온갖 욕망에 이리저리 휘둘리면서 아무것이나 무분별하게 원합니다. 하나님이 지으신 처음 모습에 비추어 보면 얼마나 처참히 무너진 것입니까! 성령이 우리가 누구인지 알게 하시면, 우리는 자신이 본질상 소경과 귀머거리요 죽을병에 걸려 사망의 잠에 취한 자들이라는 것을 알 것입니다. 이 모든 것이 바로 죄로 인해 초래된 것이 아닙니까!

　죄를 속하고 죄인을 용서하기 위해 어떤 대가가 치러졌는지 생각해 보십시오. 우리를 속량하는 값을 치르고 율법의 저주로부터 건지기 위해, 하나님의 독생자가 세상에 오셔서 우리의 본성을 입어야 했습니다. 천국으로 난 길을 열기 위해 태초에 성부와 함께 계시고 만물을 지으신 그분이 죄로 인한 대가를 치르셔야 했습니다. 의로우신 분이 불의한 자들을 위해 고난을 당하시고 범죄자로 죽으셔야 했던 것입니다. 사람들에게 거절당하시고, 멸시를 받으시고, 채찍질 당하시고, 치욕을 당하신 주 예수 그리스도를 바라보십시오. 피 흘리시며 십자가에 처참히 달리신 그분을 바라보십시오. "나의 하나님, 나의 하나님, 어찌하여 나를 버리시나이까?" 하고 울부짖는 소리를 들어 보십시오. 어떻게 해가 어두워졌고 바위가 터지고 땅이 흔들렸는지 보십시오. 그리고 한번 생각해 보십시오. 죄책과 죄의 악독함이 어떤 것인지 말입니다.

또한 이 땅에 죄가 초래한 결과들을 생각해 보십시오. 어떻게 아담과 하와가 에덴동산에서 쫓겨났고, 이 땅에 엄청난 홍수가 있었고, 소돔과 고모라에 불이 비처럼 내렸고, 바로와 그의 군대가 홍해에 수장되었고, 악한 가나안의 일곱 나라가 훼파되었고, 이스라엘의 열두 지파가 온 지면에

뿔뿔이 흩어졌는지 보십시오. 단 하나, 죄 때문입니다.

더욱이 오늘날까지 날마다 계속되고 있는 죄로 인한 모든 비참함과 슬픔을 생각해 보십시오. 고통, 질병, 죽음, 다툼, 질시, 분리와 분열, 시기, 악독, 속임, 거짓, 폭력, 압제, 갈취, 이기심, 무정함, 감사하지 않음과 같은 것이 모두 죄의 열매입니다. 죄는 이 모든 악한 것들의 어미입니다. 죄가 하나님이 지으신 피조물을 이 모든 것들로 더럽히고 망가뜨려 놓았습니다.

청년들이여, 이런 일들을 자세히 살펴보면 왜 제가 이렇게 권면할 수밖에 없는지를 알게 될 것입니다. 물론 이런 죄와 영원히 절연하고자 함이 마땅합니다. 독을 가지고 장난치렵니까? 지옥을 가볍게 여길 참입니까? 손에 불을 들고 있겠습니까? 불구대천의 원수를 품고 있겠습니까? 죄를 용서 받든 말든, 죄의 지배 아래 있든 말든 아무 상관이 없습니까? 오, 죄의 익함과 위험을 깨달으십시오! 어서 깨어나십시오! 솔로몬의 말을 기억하십시오. "미련한 자는 죄를 심상히〔우습게〕 여겨도 정직한 자 중에는 은혜가 있느니라"(잠 14:9).

여기 제가 드리는 호소에 귀를 기울이십시오. 죄가 얼마나 악한지 가르쳐 주시도록 하나님께 간구하십시오. 영혼이 구원받고자 한다면 사망의 잠에서 깨어나 그렇게 간구해야 합니다.

2. 우리 주 예수 그리스도를 잘 알고 가까이하기를 힘쓰십시오. 이는 기독교 신앙의 중심이요 모퉁이돌입니다. 여러분이 이 사실을 깨닫기 전에는 제가 아무리 경고와 권면을 해도 소용이 없고, 여러분이 어떤 노력을 해도 무의미합니다. 그리스도 없는 기독교 신앙은 시간이 맞지 않는 시계와 마찬가지로 아무 쓸모가 없습니다.

하지만 오해는 마십시오. 그리스도를 안다는 것은 단순히 그분의 이름을 아는 것이 아닙니다. 그분의 긍휼, 은혜, 권세를 아는 것입니다. 귀로 들어서 아는 것은 물론이요 마음으로 경험해서 아는 것입니다. 믿음으로 그분을 알기를 바랍니다. 바울이 말하는 것처럼 "그리스도와 그 부활의 권능과 그 고난에 참여함을 알고" 또한 "그의 죽으심을 본받아" 알기를 바랍니다(빌 3:10). 그리스도를 일컬어 나의 화

평과 능력이요, 나의 생명과 위로요, 나의 의사와 목자요, 나의 구주 나의 하나님이라고 고백할 수 있기를 바랍니다.

제가 왜 이런 말을 합니까? 그리스도 안에만 하나님의 모든 충만이 거하기 때문입니다(골 1:19). 그리스도 안에서만 우리 영혼에 필요한 모든 것을 풍성히 공급받기 때문입니다. 우리는 아주 가난하고 보잘것없는 피조물입니다. 우리에게는 의와 평강이 없고, 능력과 위로도 없고, 인내와 용기도 없고, 이 악한 세상에 대항할 힘도 없고, 그 속에서 진보를 이루어 나갈 힘도 없습니다. 하지만 그리스도 안에는 이 모든 것이 넘치도록 있습니다. 은혜와 평강과 지혜와 의와 성화와 구속이 그 안에 있습니다. 우리가 그 안에서 그분을 의지하고 살아가는 만큼 우리는 강건한 그리스도인이 될 것입니다. 우리 자신이 아닌 그리스도께서 우리의 모든 확신의 근거가 될 때 그것이 가능합니다. 그럴 때 우리는 큰 승리를 얻고 풍성한 결실을 맺습니다. 삶이라고 하는 진두에서 이기고 모든 장애를 넘어섭니다. 삶의 여정을 위한 준비가 된 사람과 같이 앞으로 나아갈 수 있습니다. 그리스도를 의지해서 살고, 그리스도로부터 모든 것을 얻고, 그리스도의 능력 안에서 모든 것을 행하고, 항상 그리스도만 바라보는 것이야말로 영적으로 흥왕하고 번성하는 비결입니다. "그리스도와 그 부활의 권능과 그 고난에 참여함을 알고자 하여 그의 죽으심을 본받아"(빌 3:10).

청년들이여, 예수 그리스도는 여러분 영혼의 보고寶庫입니다. 오늘 그분께로 나아가십시오. 그리스도께로 가는 발걸음을 떼십시오. 고민을 털어 놓을 친구가 필요합니까? 그분이야말로 가장 좋은 친구입니다. "많은 친구를 얻는 자는 해를 당하게 되거니와 어떤 친구는 형제보다 친밀하니라"(잠 18:24). 여러분의 죄 때문에 스스로 무가치하게 느껴집니까? 걱정하지 마십시오. 그분의 피가 모든 죄를 깨끗이 합니다. "오라, 우리가 서로 변론하자. 너희의 죄가 주홍 같을지라도 눈과 같이 희어질 것이요 진홍같이 붉을지라도 양털 같이 희게 되리라"고 하나님이 말씀하십니다(사 1:18). 그분을 따라가기에 스스로 너무나 약하다고 느껴집니까? 걱정하지 마십시오. 그리스도께서 여러분에게 하나님의 자녀가 되는 권세를 주실 것입니다. 여러분 안에 거할 성령을 보내시고 여러분을 자신의 소유로 인치실 것입니다. 새 마음과 새 영을 주실 것입니다. 원치 않지만 악으로 치닫는 성향과 욕구로 괴롭습니까? 두려워하지 마십시오. 예수께서 내치지 못할 악한 영은 없습니다. 그분이 치료하시지 못할 영혼의 질병은 없습니다. 의심과 두려움으로 힘겹습니까? 던져 버리십시오. "나에게 오라"고 그분이 말씀하십니다. "누구든지 내게로 오는 자를 내가 내어 쫓지 않겠다"라고 하시지 않습니까? 그리스도는 여러분과 같은 젊은이들의 마음을 잘 아십니다. 여러분이 겪는 시험과 유혹과 어려움이 무엇인지, 원수가 누구인지 잘 아십니다. 이 땅에 육신으로 계실 때 그분은 여러분과 같은 나사렛의 청년이었습니다. 경험을 통해 그분은 여러분의 마음이 어떤지 잘 압니다. 여러분이 당하는 유혹이 무엇인지 잘 아십니다. 그분도 친히 미혹을 받으시지 않았습니까! 이런 구주와 친구께로 나아가는 것을 거부하고 돌아선다면, 그 무엇으로도 핑계치 못할 것입니다.

오늘 제가 하는 말을 잘 들으십시오. 여러분이 자신의 생명을 사랑한다면 예수 그리스도를 친근히 알기를 힘쓰십시오.

3. 영혼보다 소중한 것은 없습니다.

여러분의 영혼은 영원한 것입니다. 영원히 살 것입니다. 세상과 그 속에 있는 모든 것은 다 사라집니다. 지금은 견고하고 아름답고 질서 있게 자리 잡고 있지만 결국 그 끝이 있습니다. "주의 날이 도둑 같이 오리니 그날에는 하늘이 큰 소리로 떠나가고 물질이 뜨거운 불에 풀어지고 땅과 그 중에 있는 모든 일이 드러나리로다"(벧후 3:10). 아무리 탁월하다고 해도 정치인의 업적, 작가나 화가나 건축가의 작품들은 다 사라질 것들입니다. 하지만 여러분의 영혼은 이 모든 것을 넘어설 것입니다. 어느 날 천사의 소리가 "지체하지 아니하리니"라고 외칩니다(계 10:6). 여러분이 가꾸어야 할 가장 가치 있는 것은 바로 여러분의 영혼입니다. 이 사실을 반드시 깨닫기를 바랍니다. 우선순위를 두고 가장 소중하게 생각해야 할 것이 바로 여러분의 영혼입니다. 그렇기 때문에 영혼을 상하게 하는 것이라면 어떤 일도 어떤 자리도 합당하지 않습니다. 여러분의 영혼을 소홀히 여기도록 이끄는 친구나 동료를 절대 믿지 마십시오. 여러분의 몸을 상하게 하고, 재산에 손실을 끼치고, 평판을 어지럽히는 사람은 일시적으로만 여러분에게 해를 가할 뿐입니다. 하지만 누군가 여러분의 영혼을 상하게 하려 든다면 원수로 여기고 멀리 하십시오.

자신이 이 세상에 태어난 이유를 잠시만 생각해 보십시오. 그저 먹고 마시고 육체의 욕구들을 탐닉하거나 몸에 좋은 옷을 걸치고 정욕이 이끄는 대로 끌려가기 위한 것이 아닙니다. 일하고 자고 웃고 말하고 즐기고 세상일만 생각하기 위한 것도 아닙니다. 전혀 그렇지 않습니다! 이런 것들보다 더 고상하고 나은 목적이 있습니다. 바로 이 땅에서 영원을 위해 준비되고 훈련되기 위함입니다. 여러분의 몸은 영원히 살 영혼을 위해 마련된 거처일 뿐입니다. 많은 사람들이 그러는 것처럼 몸이 영혼을 위하지 않고 종처럼 대하는 것은 하나님이 정하신 목적을 정면으로 모독하는 짓입니다.

청년들이여, 하나님은 한쪽으로 치우치시는 분이 아닙니다. 사람들의 칭송에 휘둘리시는 분이 아닙니다. 사람의 기업이나 재산이나 지위나 신분에 연연하시지 않습니다. 사람이 보는 대로 보시지 않습니다. 하나님이 보시기에는 빈민굴에서 죽은 가장 가난한 성도가 궁전에서 죽은 가장 부유한 죄인보다 귀합니다. 하나님께서는 재물이나 지위나 직함이나 지식이나 외모 같은 것이 중요하지 않습니다. 하나님이 유일하게 주목하시는 것은 불멸하는 영혼입니다. 하나님께서 모든 사람을 판단하고 시험하고 달아보는 단 한 가지 척도가 있는데, 그것은 바로 그들 영혼의 상태입니다.

이 사실을 잊지 마십시오. 아침이든 저녁이든, 낮이든 밤이든 오직 여러분 영혼의 유익에만 관심을 기울이십시오. 아침에 잠이 깰 때마다 영혼이 자라는 하루가 되기를 갈망하십시오. 저녁에 잠자리에 누울 때마다 정말로 자신의 영혼이 자랐는지 돌아보십시오. 고대의 위대한 화가였던 제우시스Zeuxis를 기억하십시오. 그는 매 그림마다 심혈을 기울이고 심지어 몸이 상할 정도로 애를 썼습니다. 그 이유를 묻는 사람들에게 주는 그의 대답은 간단했습니다. "영원히 남을 그림을 그리고 싶어서입니다." 그와 같은 태도 갖기를 부끄러워하지 마십시오. 마음의 눈 앞에 항상 불멸하는 자신의 영혼을 두고, 사람들이 왜 그렇게 하는지 물을 때마다 그와 같은 정신으로 "나는 내 영혼을 위해 삽니다"라고 대답하십시오. 제 말을 믿으십시오. 사람들이 생각하는 것이 영혼뿐이고 가장 중요한 질문이 "내 영혼은 구원받았는가?"가 될 때가 곧 옵니다.

4. 젊다고 해서 하나님을 제대로 섬길 수 없는 것은 아닙니다. 이와 관련하여 사탄의 올무에 걸리지 않도록 조심하십시오. 아직 젊을 때에 참된 그리스도인이 되기를 바라는 것은 지나친 기대라고 여기게 하는 사탄의 허탄한 생각에 넘어가면 안 됩니다. 많은 사람들이 사탄의 이런 기만적인 생각에 휘둘리고 있습니다. 이런 말을 자주 듣습니다. "아직 젊은 사람들이 그런 신앙을 갖는 것은 거의 불가능한 일입니다. 젊은이들에게 진지한 것을 기대해서는 안 됩니다. 젊은 시절에 혈기가 왕성한 것은 당연하지 않습니까? 그런 젊은이들에게 강한 신앙을 요구하는 것은 지나칩니다. 하나님은 젊은 시절을 젊은이답게 누리기를 바라십니다. 그러다 보면 서서히 신앙이 성숙해 갈 것입니다." 이런 이야기들은 세상이 부추기는 소리에 불과합니다. 세상은, 젊은 때는 죄를 지을 수도 있다고 생각하도록 부추깁니다. 세상 사람들은 젊을 때 혈기를 따라 "방탕하게 지내는 것"은 이상할 것이 없

다고 생각합니다. 젊은 때에 신앙 없이 불경건하게 지내는 것은 당연하고, 젊을 때부터 그리스도를 따르는 것이 오히려 이상하다고 여깁니다.

청년들이여, 단도직입적으로 묻습니다. 성경 어디에 이런 말이 있습니까? 세상 사람들의 이런 주장을 뒷받침하는 성경 구절이 있으면 말해 보십시오. 오히려 성경은 노인이나 젊은이 할 것 없이 모든 사람에게 말씀하고 있지 않습니까? 스무 살 때 저지르면 죄가 아니고, 쉰 살에 저지르면 죄가 된단 말입니까? 마지막 심판날에 "제가 죄를 지은 것은 맞는데요, 그래도 그때는 젊을 때였습니다"라고 하면 조금이라도 핑곗거리가 될 수 있을 것 같습니까? 상식적으로 생각해 봐도 말이 안 되는 핑계가 아닙니까? 옳고 그름을 분별할 줄 아는 순간부터 여러분은 자신이 한 모든 일에 대해 하나님 앞에서 책임이 있습니다.

사람이 살아가는 데는 많은 난관이 있다는 것을 저도 잘 압니다. 바른 삶을 사는 데는 항상 많은 어려움이 따릅니다. 늙으나 젊으나 상관없이 천국으로 가는 길은 항상 좁습니다. 그리고 그 길을 가기 위해서는 많은 고난을 겪어야 합니다. 하지만 하나님께서 그 모든 것을 능히 넘어설 은혜를 주실 것입니다. 하나님은 무자비한 주인이 아닙니다. 짚도 주지 않고 더 많은 벽돌을 구워 내라고 윽박지르는 바로가 아닙니다. 우리에게 가라고 하신 길은 결코 불가능한 길이 아님을 분명히 보여주실 것입니다. 하나님이 무엇을 명하실 때는 반드시 그것을 행할 힘도 주십니다.

예나 지금이나 그리스도인으로 살아가기 위해서는 많은 어려움을 겪을 수밖에 없습니다. 이미 많은 젊은이들이 그 길을 지나갔습니다. 여러분도 예외가 아닙니다. 모세도 젊었을 때는 여러분과 마찬가지로 혈기 있는 청년이었습니다. 하지만 성경이 그에 대해 하는 말을 들어 보십시오. "믿음으로 모세는 장성하여 바로의 공주의 아들이라 칭함 받기를 거절하고 도리어 하나님의 백성과 함께 고난 받기를 잠시 죄악의 낙을 누리는 것보다 더 좋아하고 그리스도를 위하여 받는 수모를 애굽의 모든 보화보다 더 큰 재물로 여겼으니 이는 상 주심을 바라봄이라"(히 11:24-26). 다니엘은 어릴 때 바벨론으로 잡혀가 그곳에서 하나님을 섬겼습니다. 온갖 유혹이 그를 기다리고 있었을 것입니다. 그와 함께한 사람은 많지 않았습니다. 오히려 그를 대적하는 사람들에 둘러싸여 있었습니다. 하지만 다니엘의 삶은 흠이 없고 한결같았습니다. 그의 원수들조차도 그가 하나님을 섬기는 것 외에는 다른 고소거리를 찾을 수 없을 정도였습니다. "이 다니엘은 그 하나님의 율법에서 근거를 찾지 못하면 그를 고발할 수 없으리라"(단 6:5). 청년 시절을 이처럼 살다간 믿음의 선진들은 이들만이 아닙니다. 구름같이 허다한 증인들이 있습니다. 청년 이삭, 청년 요셉, 청년 여호수아, 청년 사무엘, 청년 다윗, 청년 솔로몬, 청년 아비야, 청년 오바댜, 청년 요시야, 청년 디모데 등 하나 하나 열거하면 시간이 부족할 것입니다. 이들은 천사가 아니었습니다. 여러분과 같은 본성을 가진 인간이었을 뿐입니다. 그들 역시 각자의 난관에 봉착했고, 고된 여정을 지나야 했습니다. 그들에게도 죽여야 할 죄가 있었고, 견뎌야 할 시험이 있었습니다. 여느 청년들이 겪는 것과 다름없는 시험과 어려움을 겪었습니다. 하지만 세상이 말하는 것과 달리, 젊었음에도 불구하고 이들은 하나같이 하나님을 잘 섬겼습니다. 계속해서 여러분이 하나님을 섬길 수 없다고 한다면, 마지막 심판날에 이들이 모두 일어나 여러분을 정죄하고 심판할 것입니다.

청년들이여, 하나님을 섬기기 위해 힘쓰십시오. 젊을 때는 섬기는 게 잘 안 될 것이라고 속삭이는 마귀의 말을 귀담아듣지 마십시오. 하나님을 섬기려고 결심해 보십시오. 주 하나님, 약속의 하나님께서 섬길 수 있는 힘을 주실 것입니다. 하나님은 그분께 나아오려고 애쓰는 사람들을 기꺼이 만나 주십니다. 그렇게 발버둥 치는 여러분을 하나님이 만나 주시고 필요한 힘을 주실 것입니다. 「천로역정 *The Pilgrim's Progress*」에 나오는 그리스도인이 '해석자'의 집에서 본 사람과 같이, 용감하게 앞으로 나아가 "제 이름을 기록해 주십시오"라고 말하십시오. 비록 마음과 감정을 담은 고백이 아닐 때가 많지만 그것과 상관없이 우리 주님의 말씀은 진실합니다. "구하라 그리하면 너희에게 주실 것이요, 찾으라 그리하면 찾아낼 것이요, 문을 두드리라 그리하면 너희에게 열릴 것이니"(마 7:7).

태산같이 보이던 난관과 난제들이 봄날 눈 녹듯이 사라질 것입니다. 멀리서는 아낙자손처럼 거대하게만 보이던 장애물이 실제 맞닥뜨려 보면 대수롭지 않게 여겨질 것입니다. 여러분의 여정에 버티고 선 사자처럼 두렵게만 보이던 것이, 실상은 사슬에 매여 있어서 아무런 해를 끼칠 수 없는 것으로 드러날 것입니다. 약속을 굳게 믿는 신자일수록 해야 할 의무들을 버겁게 느끼지 않을 것입니다. "너는 그리스도인이 되기에는 아직 어리다"고 사탄이 속삭이면 이렇게 답하는 것을 잊지 마십시오. "사탄아, 내 뒤로 물러가라. 내가 신자로 살아가고자 다짐한다면 하나님이 나를 도우실 것이다."

5. 이 땅을 살아가는 동안 성경을 여러분의 인도자와 조언자로 삼기로 다짐하십시오.

성경은 죄악된 인간 영혼에게 주시는 하나님의 긍휼에 찬 선물이요, 영생의 길을 걸어가도록 안내하는 지도입니다. 평강과 거룩과 행복을 누리기 위해 우리가 알아야 할 모든 것이 그 속에 풍성히 있습니다. 어떻게 인생을 복되게 할지 고민하는 젊은이가 있다면 시편기자의 말을 들어 보십시오. "청년이 무엇으로 그의 행실을 깨끗하게 하리이까. 주의 말쏨만 지킬 따름이니이다"(시 119:9).

청년들이여, 규칙적으로 성경을 펴서 읽는 습관을 가져야 합니다. 이 습관이 절대 무너지지 않도록 하십시오. 친구들과 어울리는 것이 아무리 즐겁더라도, 함께 사는 가족들이 아무리 좋지 않은 습관을 갖고 있다고 하더라도, 이런 것 때문에 성경을 읽는 시간이 방해받아서는 안 됩니다. 어떻게 해서라도 성경을 읽는 시간을 만드십시오. 누구도 성경을 가리켜 주일학교 아이들이나 노인들에게 도움이 되는 책이라고 비아냥거리지 못하게 하십시오. 이 책으로 다윗 왕이 지혜와 총명을 얻었습니다. 청년 디모데가 어려서부터 알고 자란 책입니다. 그러니 이 책을 읽는 것을 부끄러워하지 마십시오. 훈계를 멸시하지 마십시오(잠 13:13).

기도하면서 성경을 읽으십시오. 성령의 은혜로 말씀을 깨닫게 될 것입니다. 이런 말이 있습니다. "성령의 은혜 없이 성경을 깨달으려 하는 것은 눈 없이 성경을 읽으려는 것과 마찬가지다."

성경은 사람의 말이 아닌 살아계신 하나님의 말씀이기에 경외함으로 읽으십시오. 성경이 옳다고 하는 것을 옳다고 믿고 성경이 정죄하는 것을 그르다고 믿으십시오. 성경에 부합하지 않는 교리는 무엇이나 거짓된 것이라고 보면 됩니다. 그렇게 하면 이 말세에 횡행하는 여러 위험한 의견들에 이리저리 휘둘리지 않을 것입니다. 성경과 배치되는 삶의 습관이나 행실은 무엇이나 죄악된 것이므로 반드시 버려야 합니다. 그럴 때 많은 의구심과 의심의 고리를 끊어 버릴 수 있게 됩니다. 유다의 두 왕이 얼마나 서로 다르게 성경을 읽었는지 보십시오. 여호야김 왕은 성경을 펴서 읽기가 무섭게 성경을 갈기갈기 찢어서 불에 던져 버립니다(렘 36:23). 왜 그랬습니까? 성경의 가르침에 깊은 적개심을 품고 순종하지 않기로 다짐했기 때문입니다. 요시야 왕은 성경을 읽은 즉시 자신의 옷을 찢고 하나님께 큰소리로 부르짖었습니다(대하 34:19). 왜 그랬습니까? 부드럽고 순종하는 마음으로 성경을 대했기 때문입니다. 여러분이 여호야김 왕이 아닌 요시야 왕과 같은 마음으로 성경을 읽었으면 좋겠습니다!

 규칙적으로 성경을 읽으십시오. 이렇게 하는 것만이 "성경에 능통"하는 길입니다. 이따금씩 성경을 여기 조금 저기 조금 보는 것은 별 유익이 없습니다. 그렇게 해서는 성경의 보고에 가까이 이를 수 없을 뿐 아니라 정작 필요할 때 성경의 검을 쥘 수 없어 제대로 싸워 보지도 못하고 패할 것입니다. 성경을 부지런히 읽어 많이 익혀 두십시오. 그러면 곧 그 가치와 능력을 발견할 것입니다. 시험의 때에 성경 본문이 마음에 생각날 것입니다. 의심이 일어날 때 하나님의 계명이 생각날 것입니다. 낙담될 때에 하나님의 약속이 떠오를 것입니다. 그래서 시편기자가 했던 고백을 여러분도 하게 될 것입니다. "내가 주께 범죄하지 아니하려 하여 주의 말씀을 내 마음에 두었나이다"(시 119:11). 솔로몬이 했던 말이 무엇인지 알게 될 것입니다. "그것이 네가 다닐 때에 너를 인도하며 네가 잘 때에 너를 보호하며 네가 깰 때에 너와 더불어 말하리니"(잠 6:22).

말씀과 관련해서 이렇게 길게 말하는 데는 이유가 있습니다. 오늘날 무수히 많은 책들이 쏟아져 나옵니다. 그중에 유익이 될 만한 책이 많지는 않지만 어쨌든 끝도 없이 많은 책들이 나오고 있습니다. 보다 적은 비용으로 쉽게 책을 낼 수 있기를 기다렸다는 듯이 사람들은 앞다투어 책을 내고 있습니다. 온갖 종류의 신문들이 하루가 멀다 하고 쏟아져 나옵니다. 가장 많은 부수를 자랑하는 주요 일간지의 어조는 시류를 따라가기에 급급합니다. 위험한 읽을거리의 홍수 속에서, 저는 여러분이 제가 섬기는 하나님의 성경을 읽을 것을 호소합니다. 영혼을 위한 책을 결코 홀대하지 마십시오. 예언자와 사도들의 글은 멸시하면서 신문이나 연애소설을 읽느라 시간을 허비하지 마십시오. 거룩과 경건에는 관심도 없으면서 흥미롭고 감각적인 자극을 가져다주는 것들에 마음을 뺏기는 일이 없어야 합니다.

청년들이여, 사는 날 동안 매일매일 성경에 합당한 관심과 경의를 표하십시오. 무엇을 읽든 성경을 먼저 읽으십시오. 그리고 해로운 서적을 조심하십시오. 이런 책이 주변에 상당히 많습니다. 책을 읽을 때는 항상 주의를 기울이십시오. 해로운 책만큼 영혼에 큰 해를 끼치는 것도 없을 것입니다. 성경에 부합하는지를 기준 삼아 모든 책의 가치를 평가하십시오. 성경의 가르침에 가까울수록 좋은 책입니다. 그렇지 않을수록 해롭고 악한 책인 것은 당연합니다.

6. 하나님의 벗이 아닌 사람은 누구도 가까운 친구로 삼지 마십시오.

제 말을 오해하지 마십시오. 그런 사람과 만나지도 말라는 말이 아닙니다. 진정한 그리스도인들하고만 알고 지내야 한다는 말도 아닙니다. 이 세상에서 그렇게 살 수 없고 그렇게 해서도 안 됩니다. 기독교 신앙이 있다고 하면서 무례하게 대해도 되는 사람은 아무도 없습니다.

하지만 친구를 사귀는 일에는 신중을 기해야 합니다. 똑똑하고 상냥하고 성격 좋은 사람이라는 이유로 마음을 다 열어 보여서는 안 됩니다. 이런 성격 자체는 좋은 것이지만 그것이 전부가 아닙니다. 아무 거리낌 없이 자신의 영혼에 유익이 되지 않는 사람과 벗이 되어서는 안 됩니다.

이것은 참으로 중요한 일입니다. 경건하지 않은 사람과 사귐으로써 입는 해가 얼마나 큰지 모릅니다. 사람의 영혼을 파괴하는 마귀의 일에 이보다 더 큰 도움이 되는 것도 없습니다. 불경건한 자를 벗으로 사귀어 보십시오. 여러분이 마귀와 싸운답시고 아무리 많은 무기를 준비해도, 여러분에게 불경건한 친구가 있기 때문에 마귀는 눈 하나 깜빡하지 않습니다. 여러분이 불경건한 자들을 친구로 삼는 한, 아무리 어려서부터 예의와 도덕으로 무장하고 설교를 많이 듣고 책을 열심히 읽어도 아무 소용없다는 것을 마귀는 잘 압니다. 현저하게 드러나는 시험이나 유혹을 거부하고 공공연하게 드러난 올무를 피한다고 해도 그런 친구를 가까이 하는 한 마귀는 여러분에 대해 신경 쓸 필요가 없습니다. 다말을 향한 암논의 사악한 행위를 말하는 장이 어떤 말로 시작하는지 보십시오. "암논에게 요나답이라 하는 친구가 있으니 그는 다윗의 형 시므아의 아들이요 심히 간교한 자라"(삼하 13:3).

너 나 할 것 없이 우리는 모두 모방하는 피조물입니다. 격언이나 계율로 교훈을 얻을지 모르지만, 실제 우리를 이끌어 가는 것은 눈앞에 있는 모범입니다. 우리는 모두 함께 지내는 사람들의 삶의 방식을 따라가려는 성향이 있습니다. 자신이 좋아하는 사람들일수록 이런 성향은 더합니다. 알지 못하는 사이에 그들은 우리의 생각과 기호에 영향을 미칩니다. 그들이 싫어하는 것은 우리도 점점 싫어하게 되고, 그들이 좋아하는 것을 취하려고 합니다. 자신이 좋아하고 호감을 느끼는 사람과 더 친해지려고 말입니다. 그런데 문제는, 나쁜 것은 곧장 받아들이고 영향을 받으면서 옳고 바른 일에 대해서는 그만큼 민첩하지 않다는 사실입니다. 질병은 전염이 되지만 안타깝게도 건강은 전염이 되지 않습니다. 사람은 온기를 내보내기보다는 오한을 훨씬 더 쉽게 느낍니다. 서로의 신앙이 자라고 풍성해지게 하기보다는 점점 약해지게 합니다.

청년들이여, 제 말을 명심하십시오. 누구를 사귀게 되든지 그에게 모든 것을 말하거나 좋은 일이든 나쁜 일이든 항상 그를 찾아가게 되기 전에, 먼저 제가 지금까지 한 말들을 되뇌여 보십시오. "이 우정이 나에게 유익할 것인지 아닌지" 자문해 보십시오.

고린도전서 15:33이 말씀하는 것처럼, 악한 동무들은 선한 행실을 더럽힙니다. 이 말씀이 모든 청년들의 마음에 새겨지기를 간절히 바랍니다! 선한 동부는 가상 큰 복 가운데 하나입니다. 선한 벗을 통해 우리는 많은 악에서 돌이키게 되고, 우리가 마땅히 가야 할 길을 상기하게 되고, 적절한 때와 장소에서 바른 말을 하게 되고, 계속해서 성장하게 됩니다. 하지만 나쁜 동무는 끊임없이 우리를 내리누르고 뒤처지게 하는 버거운 짐입니다. 구원받지 못한 사람들과 계속해서 어울려 보십시오. 결국 여러분도 그들과 같아질 것입니다. 악한 자를 벗으로 사귀는 사람들 대부분이 그렇습니다. 선한 사람이 나쁜 사람을 친구로 사귀면 나빠지는 일은 있어도 나쁜 사람이 선해지지는 않습니다. 세상 사람들이 말하는 격언도 이 사실을 자명한 것으로 말합니다. "옷차림과 동무는 그가 누구인지를 말해 준다." "함께 사는 사람을 보면 그 사람이 누구인지 안다."

제가 이 부분을 강조하는 이유는 여기에 여러분의 장래가 달려 있기 때문입니다. 결혼을 한다고 할 때, 자신이 가까이 지내는 사람들 가운데서 남편이나 아내를 맞이하거나 그들의 소개를 통해 남편이나 아내를 맞이할 가능성이 큽니다. 여호사밧의 아들 여호람이 아합 가문과 어울리지 않았다면, 아합의 딸과 결혼하는 일은 없었을지 모릅니다. 바른 배우자를 선택하는 것이 매우 중요하다는 사실을 부정할 사람이 없을 것입니다. 사람들의 말대로 한 남자와 여자의 일생을 결정짓는 중요한 일입니다. 이생과 오는 세상에서의 행복이 여기에 달려 있습니다. 여러분의 배우자는 여러분의 영혼을 세우기도 하고 해롭게 하기도 합니다. 여러분의 마음에 기독교 신앙의 불꽃을 지피든지, 아니면 지금 가진 불꽃에 찬물을 끼얹어 꺼뜨리든지 둘 중 하나입니다. 성품에 따라 배우자는 여러분의 날개가 되거나 족쇄가 되기도 하고, 여러분의 신앙을 자라게 하거나 장애가 되게 하기도 합니다. 선한 아내나 남편을 얻는 자는 "좋은 것"을 찾은 자입니다. 좋은 배우자를 얻고자 한다면 먼저 친구 사귀기를 신중히 하십시오.

그렇다면 어떤 친구를 사귀어야 합니까? 자신의 영혼을 유익하게 할 사람, 진실로 자신이 존경할 수 있고 죽음의 침상까지 자신과 함께하기를 바라는 사람, 성경을 사랑하고 여러분에게 성경을 말하기를 주저하지 않는 사람, 그리스도께서 다시 오시는 심판날에도 함께하는 것이 부끄럽지 않을 사람을 친구로 사귀십시오. 시편기자의 본을 따르십시오. "나는 주를 경외하는 모든 자들과 주의 법도들을 지키는 자들의 친구라"(시 119:63). 솔로몬의 말을 기억하십시오. "지혜로운 자와 동행하면 지혜를 얻고 미련한 자와 사귀면 해를 받느니라"(잠 13:20). 이 땅에서 나쁜 친구를 사귀는 것은 오는 세상에서 악한 무리들과 거처를 함께하는 지름길입니다.

4장 청년의 때를 위한 지침

마지막으로, 청년들이 주의 깊게 따라야 할 특별한 지침 몇 가지를 이야기해 보겠습니다.

1. 아무리 사소한 것이라도 죄로 알고 있는 것은 하나님을 힘입어 끊으십시오.

각자 자기 자신을 들여다보십시오. 마음을 잘 살펴보십시오. 하나님이 보시기에 잘못된 것이라는 사실을 알면서도 여전히 버리지 못하는 습관이나 행위가 있습니까? 그렇다면 조금도 지체하지 말고 지금 당장 끊으십시오. 그것을 버리기로 다짐하십시오. 죄인 줄 알면서도 내버려 두는 것만큼 마음의 눈을 어둡게 하고 양심을 죽이는 것도 없습니다. 사소한 것 같아 보여도 위험하기는 큰 죄와 마찬가지입니다. 아무리 거대한 배라도 조그만 구멍 하나 때문에 배가 좌초합니다. 작은 불씨 하나가 거대한 재앙을 불러옵니다. 마찬가지로, 알면서도 내버려 둔 사소한 죄 때문에 불멸하는 영혼이 멸망에 이릅니다. 저의 권고를 소홀히 여기지 마십시오. 작은 죄라고 우습게 여겨 방치하지 마십시오. 하나님께서는 이스라엘 백성에게 작든 크든 모든 가나안 족속을 진멸하라고 말씀하셨습니다. 죄에 대해 같은 원리로 행하십시오. 아무리 작은 죄라도 조금도 용납하지 마십시오. 아가서가 이에 대해 잘 말씀하고 있습니다. "우리를 위하여 여우 곧 포도원을 허는 작은 여우를 잡으라. 우리의 포도원에 꽃이 피었음이라"(아 2:15).

악한이라 불리는 사람치고 처음부터 악한 사람은 없습니다. 조금씩 작은 죄들을 용납하고 거기에 익숙해지면서 점차 큰 죄를 짓다가 마침내 지금과 같이 비참한 존재가 되어 버린 것입니다. 엘리사로부터 그가 장차 저지르게 될 끔찍한 행위들을 들은 하사엘이 무슨 말을 했습니까? "당신의 개 같은 종이 무엇이기에 이런 큰일을 행하오리이까"(왕하 8:13). 말은 그렇게 했지만 죄가 그 마음에 뿌리내리도록 내버려 둠으로써, 마침내 그는 엘리사가 예언한 모든 악행을 저지르고 맙니다.

청년들이여, 죄는 그 시작부터 막아야 합니다. 아무리 사소해 보여도 그것들을 용납하지 마십시오. 어떤 죄라도 여러분의 마음에 잠입하여 문제를 일으키지 못하도록 하십시오. 바늘 끝은 아주 가늘지만 이것이 일단 구멍을 내고 나면 그 뒤로 모든 실타래가 따라옵니다. 사도의 말을 기억하십시오. "적은 누룩이 온 덩어리에 퍼지는 것을 알지 못하느냐"(고전 5:6).

죄가 뿌리내리도록 내버려 둬서 이 세상 사람들과 다를 바 없는 비참한 지경에 이른 청년들이 얼마나 많은지 모릅니다. 처음에는 사소하게 보이는 일들에 대해 스스로 속이다가 전에는 상상하지도 못한 일들을 저지르더니, 마침내 자신의 성품과 마음의 평안과 명예는 물론 영혼까지 잃어버릴 지경이 되는 것입니다. 양심의 둑에 금이 가도 대수롭지 않게 여겨 내버려 두다가, 점점 금이 커지더니 급기야는 온 둑이 무너져 내리고 맙니다.

특히 진실을 말하는 부분에 있어서 이 사실을 잘 기억하십시오. 심지어 토시 하나라도 거짓을 말하거나 진실하지 못하는 일이 없도록 주의해야 합니다. "지극히 작은 것에 충성된 자는 큰 것에도 충성되고 지극히 작은 것에 불의한 자는 큰 것에도 불의하니라"(눅 16:10). 세상이 하는 말에 귀 기울이지 마십시오. 죄 가운데서 사소한 죄는 없습니다. 아무리 거대한 빌딩이라도 작은 부분들이 하나씩 쌓여서 이루어집니다. 다른 돌들과 마찬가지지만 처음 놓이는 돌이 중요합니다. 작은 행위들이 더해져서 습관을 이룹니다. 처음 시작한 작은 행위가 엄청난 결과를 가져옵니다. 우화에 보면, 도끼가 나무들에게 도끼 손잡이를 만들 작은 막대기 하나만 얻게 해주면 더 이상 괴롭히지 않겠다고 합니다. 그러나 손잡이를 얻게 된 도끼는, 그곳에 있는 모든 나무를 쓰러뜨려 버립니다. 마귀가 우리에게 원하는 것은 죄가 마음에 들어갈 수 있도록 하는 작은 구멍입니다. 그러면 곧 우리의 모든 것을 가질 수 있다는 것을 알기 때문입니다. "하나님과 우리 사이에 있는 것 가운데 작은 것이란 없다. 그분은 무한한 하나님이시기 때문이다"라는 말은 정말 틀림없습니다.

사다리 맨 꼭대기에서 아래로 내려오는 두 가지 방식이 있습니다. 하나는 뛰어 내리는 것이고 다른 하나는 한 계단씩 밟고 내려오는 것입니다. 하지만 어떻게 하든 바닥으로 내려오는 것은 매한가지입니다. 지옥으로 떨어지는 방식도 두 가지가 있습니다. 하나는 지옥 가는 길인 줄 알면서도 성큼성큼 그곳으로 걸어가는 것—이렇게 하는 사람들은 많지 않습니다—이고, 다른 하나는 작은 죄악과 같은 작은 걸음들이 더해져서 결국 그 문 앞에 이르는 것입니다. 대부분의 사람들이 이렇게 합니다. 작은 죄악들을 용납하고 내버려둬 보십시오. 이내 더 큰 죄를 원하게 될 것입니다. 이교도들도 "한 번의 죄로 만족할 사람이 어디 있는가?"라고 말하지 않습니까? 작은 죄를 용납하면 상황은 갈수록 나빠질 것입니다. 제레미 테일러Jeremy Taylor는 사람에게서 죄가 어떻게 자라는지를 분명히 말하고 있습니다.

"처음에는 죄 때문에 놀라시만 익숙해지면 곧 편안함을 느낀다. 죄짓기를 즐거워하게 되어 반복하다 보면 습관으로 자리하고 결국 삶의 방식이 되어 버린다! 그렇게 되면 죄를 지어도 죄책감조차 못 느낄 정도로 완고해져 돌이키기를 거부하다가 결국 정죄에 이르게 된다."

청년들이여, 이런 상태에 이르지 않으려면 지금 제가 말한 규칙을 기억하고, 자신이 알고 있는 죄를 끊어 버리기로 즉시 결심하십시오.

2. 하나님의 도우심을 입고 죄로 이끌 만한 모든 일을 피하기로 결심하십시오.

"악행을 저지르기 원치 않는 사람은 악행으로 이끌 만한 모든 경우를 단호하게 피해야 한다"는 말은 참으로 옳습니다. 우화에 보면, 날개가 불에 그을린 나비가 올빼미에게 찾아가서 어떻게 불에 대처할지를 묻자, 올빼미는 나비에게 연기도 쳐다보지 말라고 조언했다고 합니다. 죄를 짓지 않겠다고 결심하는 것으로는 충분하지 않습니다. 죄로 이끄는 모든 것을 주의 깊게 피해야 합니다. 이런 생각을 가지고 자신이 어떤 책을 읽는지, 누구와 어울리는지, 어떻게 시간을 보내는지 잘 살펴보아야 합니다. "특별히 나쁜 것은 없다"고 말하는 것으로 충분하지 않습니다. 항상 여기서 한 걸음 더 나아가, "죄로 귀결될 만한 요소는 없는가?" 자문해 봐야 합니다.

게으르지 말아야 할 이유가 여기 있습니다. 아무 일도 하지 않는 것 자체가 나쁜 것은 아닙니다. 하지만 이로 인해 악하고 공허한 생각들이 틈타는 것이 문제입니다. 두려워해야 할 것은, 게으름이라는 활짝 열린 문을 통해 사탄이 온갖 악한 일들을 파종한다는 사실입니다. 다윗이 예루살렘에서 할 일 없이 왕궁 옥상을 거닐면서 마귀에게 틈을 탈 기회를 주지만 않았어도 밧세바가 목욕하는 모습을 볼 일도 없었을 것이고, 그녀의 남편이자 충신인 우리아를 살해하지도 않았을 것입니다.

이는 또한 세상의 오락을 피해야 할 합당한 이유이기도 합니다. 세상의 오락이 그 자체로 비성경적이고 잘못된 것이라는 사실을 증명하기란 간단치 않습니다. 하지만 대부분의 세상 오락이 영혼을 다치게 하는 경향이 있다는 사실을 증명하는 것은 어려운 일이 아닙니다. 세상의 오락은 우리의 생각이 세상적이고 감각적으로 길들여지도록 합니다. 믿음의 생명을 위협합니다. 재미를 위해서 건강하지 못하고 일탈적인 충동을 불러일으킵니다. 육신의 정욕과 안목의 정욕과 이생의 자랑을 부추깁니다. 천국과 영원에 대한 조망을 흐리게 하고, 현재의 일들을 잘 분별하지 못하게 합니다. 개인기도와 성경읽기와 하나님과 조용히 교제하는 시간을 갖도록 내버려 두지를 않습니다. 세상 오락에 빠져 있는 사람은 사탄에게 기회를 주는 것입니다. 사탄과 싸워야 하는데 오히려 원수에게 온갖 이로움을 가져다주는 사람입니다. 사탄과 싸운다고 하면서 계속해서 세상 오락에 스스로를 방치하는 것처럼 이상한 일도 없습니다.

청년들이여, 여러분의 영혼을 해롭게 할 만한 모든 일에서 떠나도록 최선을 다하십시오. 그러면 사람들이 너무 민감하게 반응한다고, 너무 까다롭다고 여러분을 비난할 것입니다. 그런 일들을 좀 한다고 잘못될 게 뭐냐고 힐문할 것입니다. 그런 말을 듣지 마십시오. 예리한 연장을 갖고 장난치는 것은 어리석은 일일 뿐 아니라 위험한 행동입니다. 하물며 불멸하는 영혼을 함부로 다루는 것은 얼마나 더 위험하겠습니까? 안전하게 거하고자 하는 사람은 위험한 곳에 가까이 가는 것조차 피합니다. 자기 마음을 화약고로 여기고, 작은 불꽃도 튀지 않도록 아예 가까이 가지 않아야 합니다.

　미혹될 것을 향해 달려들지 않도록 주의하지도 않으면서 "시험에 들지 말게 하옵시며"라고 기도하는 것이 무슨 소용이 있겠습니까? 악한 길에서 떠나기를 갈망하지 않으면서 "악에서 보호하시고"라는 기도가 무슨 의미가 있겠습니까? 요셉을 본받으십시오. 그는 죄를 짓지 않으려고 자기 주인의 아내가 유혹하는 것을 거절하는 데 그치지 않고 그녀와 "함께 있지도" 않았습니다(창 39:10). 솔로몬의 충고에 귀를 기울이십시오. "그의 길을 피"할 뿐 아니라 "지나가지 말며 돌이켜 떠나가라"고 권면합니다(잠 4:15). "포도주는 붉고 잔에서 번쩍이며 순하게 내려가나니 너는 그것을 보지도 말지어다"(잠 23:31). 이스라엘에서 나실인의 서약을 한 사람은 포도주는 물론 포도로 만든 음식은 어떤 모양이든 입에 대지 않았습니다. 바울은 로마 교인들에게 "사랑에는 거짓이 없나니 악을 미워하고 선에 속하라"고 권면합니다(롬 12:9). 디모데에게는 "너는 청년의 정욕을 피하고 주를 깨끗한 마음으로 부르는 자들과 함께 의와 믿음과 사랑과 화평을 따르라"고 권면합니다(딤후 2:22). 이렇게 조심하는 것이 얼마나 필요한지요! 디나는 악한 세겜 사람들이 어떻게 사는지 보려고 갔다가 욕을 당했습니다. 롯은 죄악된 도성인 소돔 가까이로 내려가 살다가 모든 것을 잃고 겨우 자기 생명만 건졌습니다.

청년들이여, 시간을 지혜롭게 사용하십시오. 영혼의 원수를 자기에게 얼마나 가까이 오게 할 수 있는지 시험하지 말고 아예 원수를 피하십시오. 가까이 하지 마십시오. 미혹될 만한 자리는 쳐다보지도 마십시오. 이것이 죄로부터 자신을 지키는 지름길입니다.

3. 항상 자신이 하나님의 목전에 있다는 사실을 기억하십시오.
하나님의 목전에 있다는 것을 항상 생각하십시오. 집 안이든 밖이든, 혼자 있든 사람들과 함께 있든, 어디에 있든지 우리는 항상 하나님의 목전에 있습니다. "여호와의 눈은 어디서든지 악인과 선인을 감찰하시느니라"(잠 15:3). 하나님의 눈은 우리의 행실은 물론 마음도 감찰하십니다.

이 사실을 깨닫도록 힘쓰십시오. 졸지도 주무시지도 않으시고, 모든 생각을 아시며, 그 앞에서는 밤과 낮이 매한가지인 하나님이 보고 계시다는 사실을 기억하십시오. 탕자처럼 아비의 집을 떠나, 아무도 자신을 모르거나 무엇을 하든지 상관하지 않을 먼 나라에 갈 수도 있을 것입니다. 하지만 하나님의 눈과 귀는 여러분보다 앞서 이미 그곳에 가 계십니다. 부모나 상사를 속일 수는 있을 것입니다. 거짓말을 하고 그들이 있을 때와 없을 때 다르게 행동할 수도 있을 것입니다. 하지만 하나님을 속일 수는 없습니다. 하나님은 여러분을 속속들이 알고 계십니다. 오늘 여러분이 머물던 자리에서 했던 말들도 이미 다 들으셨습니다. 지금 무슨 생각을 하는지도 아십니다. 여러분이 지은 가장 은밀한 죄도 이미 하나님 앞에 드러나 있습니다. 이 사실을 심각하게 생각하고 다루지 않으면, 어느 날 온 천하에 드러내 수치를 당하게 하실 것입니다.

그럼에도 불구하고 사람들은 이 사실을 얼마나 막연하게 느끼는지요! 사람들이 보고 있다고 생각하면 절대 하지 않을 많은 일들을 날마다 은밀히 행하고 있습니다. 수없이 많은 일들이 빛이 전혀 들지 않는 음습하고 캄캄한 몽상의 방 한 귀퉁이에서 이루어지고 있습니다. 그렇습니다. 세상 사람들 앞에 드러나면 수치를 당하고 부끄러워할 많은 생각과 말과 행위들을 은밀히 행하며 살아갑니다. 그 음습한 방으로 다가오는 발소리가 들리면, 많은 악한 마음의 행위들을 부리나케 멈추고 그리로 오는 발소리인지 지나가는 발소리인지 유심히 듣습니다. 그러다가 노크라도 하면 행하던 모든 악행을 감추기에 급급합니다. 아, 하지만 이 얼마나 미련한 짓입니까! 어디를 가든 우리의 모든 것을 속속들이 보고 계시는 분이 있는데 말입니다. 문을 걸어잠그고 블라인드를 치고 등을 모두 끈다고 한들 무슨 소용이 있겠습니까? 하나님은 어디에나 계십니다. 하나님을 가로막고서 보지 못하게 할 사람은 아무도 없습니다. "지으신 것이 하나도 그 앞에 나타나지 않음이 없고 우리의 결산을 받으실 이의 눈앞에 만물이 벌거벗은 것 같이 드러나느니라"(히 4:13). 젊은 요셉은 주인의 아내가 자신을 유혹할 때 이런 사실을 너무나 잘 알고 있었습니다. 집 안에 그들을 보는 사람이 아무도 없었기 때문에 나중에 고소당할 염려가 없었습니다. 하지만 요셉은 보이지 않는 하나님을 보며 살았던 것입니다. "내가 어찌 이 큰 악을 행하여 하나님께 죄를 지으리이까"

(창 39:9).

청년들이여, 여러분 모두 시편 139편을 읽기 바랍니다. 중심으로 이 시편을 익혀, 세상에서 여러분이 행하는 모든 일을 가늠하는 시금석으로 삼으십시오. 항상 스스로에게 "하나님이 주목하신다는 사실을 나는 기억하고 있는가?"라고 물으십시오.

하나님의 목전에서 살아가십시오. 아브라함이 그렇게 했습니다. 그는 하나님 앞에서 행했습니다. 에녹이 그랬습니다. 그는 하나님과 동행했습니다. 하나님의 영원한 임재로 충만한 천국이 그렇습니다. 하나님 보시기에 합당하지 않은 일들은 아예 하지도 마십시오. 하나님이 들으시면 안 될 말은 한 마디도 내뱉지 마십시오. 하나님이 읽으면 안 되는 글은 쓰지도 마십시오. 하나님이 여러분을 발견하면 안 될 곳에는 가지도 마십시오. 하나님이 여러분을 보고 "어디 좀 보자"라고 하실 만한 책은 눈길도 주지 마십시오. "너 지금 뭐하고 있니?"라고 물으실 만한 일로 시간을 허비하지 않도록 하십시오.

4. 부지런히 기독교 신앙을 실천하며 살아가십시오.

하나님의 뜻 가운데 부득이한 상황이 아니면 교회에서 공식적으로 모이는 기도모임과 설교의 자리에 빠지지 말고 참석하십시오. 주일을 기억하여 거룩하게 지키십시오. 하나님께 구별된 날인 만큼 합당하게 이날을 구별해 드리십시오.

제 말을 오해하고 제가 사람들에게 교회 가는 것이 기독교 신앙의 전부라고 했다고 할까 봐 다시 말합니다. 저는 결코 그렇게 말하지 않았고, 또 앞으로도 그렇게 말하지 않을 것입니다. 여러분이 형식주의자나 바리새인으로 자라기를 바라지 않습니다. 정해진 날, 정해진 시간에 정해진 자리에 가서 있는 것으로 그리스도인이 되고 하나님을 만날 준비를 했다고 생각하는 사람이 있다면 저는 분명히 말합니다. 그런 사람은 비참하게 기만당하고 있는 것입니다. 중심으로 드리지 않는 예배는 모두 무익하고 헛된 것입니다. "영과 진리로 예배"하는 자만이 아버지께 "예배하는 자"입니다 (요 4:23).

그렇다고 해서 기독교 신앙을 위해 행하는 의식과 형식들을 무시해서는 안 됩니다. 먹지 못한다고 금을 팽개쳐 버릴 사람은 없을 것입니다. 여러분 영혼의 영원한 복락과 안전이 기독교의 형식들에 참여함에 달린 것은 아니지만, 그 형식들은 일반적인 규례로서 필요한 것이기 때문에 이를 무시하는 사람의 영혼이 건강할 수는 없습니다. 엘리야에게 그렇게 하신 것처럼, 하나님은 구원하신 모든 자들을 불병거에 태워 하늘로 데려가실 수도 있습니다. 그러나 하나님은 그렇게 하지 않으십니다. 하나님은 성경을 스스로 읽고 묵상하고 연구하도록 하지 않고 환상이나 꿈, 기적을 통해서도 사람들을 가르치실 수 있습니다. 그러나 그렇게 하지 않으십니다. 왜 그렇습니까? 하나님은 스스로 정하신 방편을 통해 역사하십니다. 모든 사람이 그러한 방편을 통해 하나님을 대하도록 하신 것은 하나님의 선한 뜻입니다. 비계나 사다리 없이 건물을 지을 수 있다고 생각하는 사람이 있다면 제정신을 가진 사람이 아닐 것입니다. 지혜로운 사람치고 방편을 무시하는 사람은 없습니다.

제가 이 부분을 강조하는 이유는, 이런 사실을 사탄이 악용해서 기독교의 형식 같은 것은 중요하지 않다는 생각을 불어넣기 때문입니다. 사탄은 기독교 형식과 예식에 많은 사람들이 참여하지만 이를 통해 현저하게 나아지는 사람들이 그리 많지 않다는 사실을 부각시킬 것입니다. 사탄은 이렇게 속삭입니다. "봐라, 교회는 열심히 다니지만 열심히 다니지 않는 사람들보다 더 못한 경우가 얼마나 많은가!" 하지만 이런 속삭임에 절대 귀를 기울이지 마십시오. 그럴 듯하게 보이지만 엉터리 주장입니다. 많은 사람들이 기독교의 형식에 참여하는데 이를 통해 달라지는 사람들이 많지 않다는 사실이, 곧 기독교의 형식이 아무런 소용이 없다는 결론을 의미할 수는 없기 때문입니다. 약을 복용하는 사람들이 많지만 그중에 건강을 회복하는 사람들은 많지 않다는 사실 때문에 복용을 소홀히 하거나 거부하면 되겠습니까? 부적절하게 먹고 마셔 아픈 사람들 때문에 식음을 전폐하겠습니까? 이와 마찬가지로, 기독교 예식이나 형식 역시 우리가 어떤 마음으로 참여하느냐에 따라 많은 것이 달라집니다.

또 다른 이유는, 모든 청년들이 규칙적으로 그리스도의 복음이 선포되는 것을 들어야 한다고 강하게 믿기 때문입니다. 이것이 얼마나 중요한지 모릅니다. 하나님이 복 주시면 이러한 복음사역을 통해 영혼이 회심합니다. 그리스도를 아는 구원의 지식에 이를 뿐 아니라 행실과 진리에 있어서 하나님의 자녀로 드러날 것입니다. 이는 참으로 영원토록 하나님께 감사드려야 할 이유입니다. 천사들이 기뻐해 마지않을 대사건입니다. 설령 여기까지 이르지 못한다고 해도, 복음사역에는 절제하게 하는 많은 능력이 있기 때문에 여러분과 같은 청년들에게 큰 유익이 됩니다. 그러므로 특히 여러분은 설교를 듣는 일에 더욱 힘을 써야 합니다. 제가 이렇게까지 이 일을 강조하는 것은, 이를 통해서 아직 하나님께로 돌이키는 데까지는 이르지 못했지만 악한 길에서 떠난 사람들을 너무나 많이 봐 왔기 때문입니다. 아직 온전한 그리스도인이 되지 못했어도 훨씬 더 나은 사회 구성원이 된 것입니다. 신실한 복음설교에는 분명 놀라운 능력이 있기 때문에, 복음을 마음으로 받아들이지 못한 수많은 사람들에게 이런 일이 일어나는 것입니다. 죄가 드러나니 회개하고 거룩해집니다. 그리스도의 말씀을 가까이하니 마귀의 말은 들리지 않습니다. 천국과 그곳에서 누리는 복에 대해 들으니 세상이 얼마나 공허한지를 깨닫습니다. 매 주일마다 이런 말씀을 듣는데 영혼이 선한 영향을 받지 않을 수 없습니다. 이처럼 복음설교를 규칙적으로 듣는 사람은, 적어도 현저하고 원색적인 죄로 맥없이 달려가지는 않습니다. 설교가 사람의 마음을 붙잡아 주기 때문입니다. 제가 믿기로, 이는 하나님 약속의 말씀이 이루어지는 한 방식입니다. "내 입에서 나가는 말도 이와 같이 헛되이 내게로 되돌아오지 아니하고 나의 기뻐하는 뜻을 이루며 내가 보낸 일에 형통함이니라"(사 55:11). 그런 의미에서 "복음이 사람이 지옥에 가는 것을 막지는 않지만, 감옥에 가거나 교수형에 처해질 수 있었던 수많은 사람들을 건진 것은 분명하다"는 조지 윗필드George Whitefield의 말은 참으로 옳습니다.

이 주제와 긴밀하게 연결된 또 다른 부분을 말씀드리겠습니다. 그리스도인인데도 교회의 공적 모임과 예배에 참석하지 않고 주일을 기억하여 거룩하게 지키지 않는 사람이 되도록 미혹하는 것은 무엇이든 용납하지 마십시오. 여러분이 맞이하는 모든 주일을 온전히 하나님께 드리겠다고 다짐하십시오. 오늘날 우리 안에 무관심과 무신경이라는 가공할 만한 시대정신이 팽배해 있습니다. 청년들이라고 예외가 아닙니다. 주일에 교회를 참석하지 않고 하나님을 영화롭게 하지 못하도록 하는 주말 여행, 주말 휴가, 주말 일정이 해마다 늘어 갑니다. 그 어느 때보다 그것들이 일상화되어서 영혼에 큰 해를 끼치고 있습니다.

청년들이여, 주일을 기억하여 거룩하게 지키는 데 더욱 열심을 내십시오. 도시에 살든 시골에 살든, 단호하고 분명한 기준을 가지고서 주일예배를 빠져 하나님 백성과의 교제를 거르는 일은 결코 하지 않겠다고 다짐하십시오. "주일에는 잠도 더 자고 몸도 좀 쉬어야지" 하는 소리에 귀를 기울이지 마십시오. 이처럼 말하는 주변 사람들을 본받지 마십시오. 친구들과의 약속이나 그들의 초청 때문에 예배와 성도의 교제를 빠지는 일이 없도록 하십시오. 그 무엇도 주일은 하나님의 영광과 그분 백성과의 교제를 위한 날이라는 분명한 원칙을 가로막지 못하도록 하십시오.

일단 주일을 무시하고 그리스도인의 삶에서 주일이 갖는 특별한 의미를 간과하기 시작하면, 결국 자신의 영혼을 내팽개치는 지경에 이르게 될 것입니다. 주일을 소홀히 여긴 많은 사람들이 그렇게 되었습니다. 주일을 소홀히 여긴다면 여러분이라고 예외는 아닐 것입니다. 처음에는 다른 날들과 주일을 구별하지 않는 것으로부터 시작해서, 하나님의 백성을 대수롭지 않게 대하게 되고, 급기야 하나님의 말씀과 하나님의 영광마저 대수롭지 않게 생각하게 됩니다. 하나님을 예배하는 것과, 하나님과 성도들과 교제하는 것을 대수롭지 않게 여기기 시작한 사람이 결국 하나님 없는 사람으로 드러나는 것은 전혀 이상한 일이 아닙니다. "재판에서 사형선고를 받는 사람들에게 물어보면, 하나님의 교회와 백성을 대수롭지 않게 여기고 모이기를 폐하는 데서부터 범죄의 이력이 시작되었다고 말하는 사람들이 대부분이다"라는 헤일 판사의 말을 새겨들을 필요가 있습니다.

청년들이여, 친구들 가운데 주일을 무시하는 사람들이 있습니까? 하나님의 도우심을 힘입어 주일을 기억하여 거룩하게 지키겠다고 다짐하십시오. 복음이 선포되는 교회를 찾아 정기적으로 예배에 참석하고 그 교회에 속해 성실히 양육을 받으십시오. 여러분의 자리가 비는 일이 없도록 하십시오. 그러면 특별한 복을 누릴 것입니다. "만일 안식일에 네 발을 금하여 내 성일에 오락을 행하지 아니하고 안식

일을 일컬어 즐거운 날이라 여호와의 성일을 존귀한 날이라 하여 이를 존귀하게 여기고 네 길로 행하지 아니하며 네 오락을 구하지 아니하며 사사로운 말을 하지 아니하면 네가 여호와 안에서 즐거움을 얻을 것이라. 내가 너를 땅의 높은 곳에 올리고 네 조상 야곱의 기업으로 기르리라. 여호와의 입의 말씀이니라"(사 58:13-14). 한 가지 매우 분명한 점은, 주일과 성도들의 교제에 대한 여러분의 생각이 항상 여러분이 천국에 얼마나 합당한지를 가늠하는 척도요 시금석이 될 것이라는 사실입니다. 이 땅에서 우리가 누리는 성도의 교제와 예배는 천국의 맛보기요 향기이기 때문입니다. 그러므로 이것들을 특권으로 누리기는커녕 번거롭게 여기는 사람이 있다면, 그 마음이 전혀 새롭게 되지 않으면 안 됩니다.

5. 어디 있든지 기도하겠다고 다짐하십시오.

기도는 영혼의 호흡입니다. 그러므로 기도하지 않는 사람은 사람들에게 그리스도인이라 일컬음을 받을지라도 하나님이 보시기에는 죽은 자입니다. 우리가 하나님께 평안과 긍

흄을 간구하고 있다면 이는 구원의 증거입니다. 하나님 앞에 우리의 필요를 펼쳐 놓는 습관은 양자의 영을 가졌다는 증거입니다. 기도는 우리의 영적인 필요를 채워 주시려고 하나님이 정하신 방편입니다. 하늘의 보고를 열고 우리 안에 생명의 샘이 흘러넘치도록 하는 것이 기도입니다. 우리 안에 이런 일이 일어나지 않는다면 이는 간구하지 않기 때문입니다.

성령이 우리 마음에 부어지는 방편 역시 기도입니다. 예수님은 성령, 곧 보혜사를 약속하셨습니다. 성령은 우리를 새롭게 하시고 거룩하게 하시고 정결하게 하시고 강건하게 하시고 생동하게 하시고 용기를 얻게 하시고 총명을 일깨워, 모든 진리로 우리를 가르치고 인도하시는 그의 모든 좋은 은사를 가지고 우리에게 올 채비를 마치셨습니다. 우리가 이를 위해 간구하기만을 기다리십니다.

그럼에도 정말 안타까운 일은 기도하는 사람이 너무나 적다는 사실입니다. 이 사실을 믿고 간구하는 사람을 찾아보기가 얼마나 어려운지요! 기도의 자리로 나아가는 사람이 적다는 말이 아닙니다. 많은 사람들이 무릎을 꿇고 기도의 형식은 취하지만 진실로 기도하는 사람은 아주 적습니다. 하나님께 간구하는 사람이 얼마나 적은지요. 주를 찾고자 애쓰는 사람이 얼마나 적은지요. 주리고 목마른 사람처럼 두드리는 사람이 얼마나 드문지요. 씨름하는 사람이 얼마나 드문지요. 응답을 얻기 위해 간절히 구하고 매달리는 사람이 얼마나 귀한지요. 하나님으로 쉬지 못하시게 계속해서 간청하는 사람이 얼마나 적은지요. 기도의 무릎이 약해지지 않고 항상 기도하는 사람이 얼마나 적은지요. 그렇습니다. 진실로 기도하는 사람은 적습니다! 그리스도인은 당연히 기도해야 한다고 알고 있고 또 그렇게 생각하는 사람은 많습니다. 하지만 실제로 무릎 꿇는 사람은 적습니다. 사실 거의 모든 사람이 기도가 중요하다는 사실을 알고 있지만, 진실로 기도하는 사람을 찾아보기가 너무나 어렵습니다.

청년들이여, 영혼이 구원받고자 한다면 기도해야 합니다. 제 말을 믿으십시오. 하나님은 말 못하는 자녀를 두신 적이 없습니다. 세상과 육체와 마귀를 거부하고 싸우기를 바란다면 기도해야 합니다. 지금까지 기도하고 구하지 않았다면 시험이 닥쳐서 힘을 얻고자 한들 아무 소용이 없습니다. 여러분은 전혀 기도해 본 적이 없는 사람들과 함께 지내게 될 수도 있습니다. 하나님께 아무것도 구해 본 적이 없는 사람들과 한 방에서 자야 할 수도 있습니다. 그럼에도 여러분이 계속 기도해야 한다는 사실은 변함이 없습니다.

기도할 시간을 낼 수 없다든지, 기도할 장소를 찾기 어렵다든지, 기도할 기회가 없다든지 할 수도 있습니다. 여러분에게는 기도하지 못하게 하는 여러 어려움들이 있을 것입니다. 이와 관련해서 지나치게 엄격한 규칙 같은 것을 제시하고 싶지는 않습니다. 이런 문제들은 여러분의 양심에 맡겨져야 합니다. 여러분이 처한 환경에 따라 기도하는 자리는 달라질 수 있습니다. 우리 주 예수 그리스도는 산에서 기도하셨습니다. 이삭은 들에서 기도했습니다. 히스기야는 침상에 들어 벽을 보고 기도했습니다. 다니엘은 강가에서 기도했습니다. 사도 베드로는 옥상에서 기도했습니다. 청년들이 짚단과 건초더미에서 기도했다는 이야기를 들은 적이 있습니다. 요지는 이것입니다. 기도는 "골방에 들어가 문을 닫고 은밀한 중에 계신 아버지께" 간구하는 것이라는 사실입니다(마 6:6). 하나님을 대면하기 위해 정해 놓은 시간이 있어야 합니다. 매일 기도하는 시간을 가져야 합니다. 반드시 기도해야 합니다.

기도하지 않는다면 여기서 제가 드리는 모든 권고와 조언은 다 부질없는 것이 되고 맙니다. 이것이 바로 사도 바울이 에베소서 6장 말미에서 말하는 영적인 병기일 뿐 아니라, 그 가치와 중요성에서 으뜸가는 것입니다. 광야 같은 이 세상을 안전히 지나가기 위해서는 날마다 기도의 진미를 먹어야 합니다. 기도로 기력을 차린 후에야 하나님의 산을 향해 진군할 수 있습니다. 금속을 연마하는 사람들은 때로 입에 자석으로 된 보호구를 끼우고 일을 합니다. 자성을 띤 보호구가 미세한 쇳가루와 먼지들을 잡아당겨 그것들이 폐로 들어가는 것을 막아 생명을 보존할 수 있게 하기 위함입니다. 우리가 날마다 계속해서 물고 있어야 할 보호구는 기도입니다. 그렇지 않으면 죄악된 세상이라는 악하고 해로운 환경에서 해를 입지 않고 일을 하기란 불가능하기 때문입니다.

청년들이여, 기도하는 것만큼 시간을 알차게 보내는 방

법도 없습니다. 어떤 상황에 처하든지 반드시 기도를 위한 시간을 만드십시오. 이스라엘의 왕 다윗을 생각해 보십시오. 그가 무엇이라고 고백합니까? "저녁과 아침과 정오에 내가 근심하여 탄식하리니 여호와께서 내 소리를 들으시리로다"(시 55:17). 다니엘을 생각해 보십시오. 바벨론이라는 거대한 나라의 모든 일을 총괄하는 자리에 있지 않았습니까? 그러면서도 하루에 세 번씩 무릎을 꿇습니다. 솔로몬은 어떻습니까? 자기에게 맡겨진 나라를 잘 다스리도록 도우심을 구하는 기도로 통치를 시작합니다. 그리고 놀라운 번영을 일궈 냅니다. 느헤미야를 생각해 보십시오. 하늘의 하나님께 기도하는 시간을 소중히 여겼고, 심지어 그가 섬기던 아닥사스다 왕의 면전에 섰을 때도 그렇게 했습니다. 이런 귀한 사람들이 남겨 둔 좋은 모범들을 기억하고 그들과 같이 행하십시오.

오, 주님께서 여러분 모두에게 은혜와 간구의 영을 주시기를 바랍니다! "네가 이제부터는 내게 부르짖기를 나의 아버지여, 아버지는 나의 청년 시절의 보호자이시오니"(렘 3:4). 지금 제가 말하는 기도가 얼마나 중요한지 마음에 제대로 기억하고 행할 수 있다면, 제가 말한 다른 메시지는 다 잊어버린다 해도 저는 너무나 기쁠 것입니다.

결론

이제 청년들에게 주는 이 권면을 마무리하려고 합니다. 대부분의 사람들이 달가워하지 않거나 기꺼이 받으려고 하지 않을 많은 것들을 이야기했습니다. 하지만 양심에 물어보십시오. 모두 사실 아닙니까?

청년들이여, 우리는 모두 양심을 가졌습니다. 타락으로 부패하고 망가지기는 했어도 양심 없는 사람은 없습니다. 각 사람의 마음 한구석에 자리 잡고서 우리가 잘못할 때 정죄를 발하고, 바르게 행할 때 그것을 인정해 주는 하나님의 증거자로서 말입니다. 지금까지 말한 것이 모두 사실인지 아닌지는, 각자에게 있는 이 증거자에게 물어보십시오.

각자 돌아가서, 아직 젊을 때에 여러분의 창조자를 기억하기로 오늘 바로 다짐하십시오. 은혜의 날이 저물기 전에,

나이가 들어 양심이 굳어지고 더 단단해지기 전에, 아직 기력과 시간과 기회가 있을 때에, 영원히 잊혀지지 않을 언약을 힘입어 주님께 나아가 그분의 일에 참여하십시오. 성령이 항상 이렇게 양심을 일깨우시는 것은 아닙니다. 양심의 소리도 점차 미약해지고, 계속 그 소리를 거스를수록 희미해질 것입니다. 아덴 사람들이 바울에게 "이 일에 대하여 네 말을 다시 듣겠다"라고 했지만 그것이 그들의 마지막 기회로 드러나지 않았습니까?(행 17:32) 그러므로 서두르십시오. 미루지 마십시오. 더 이상 머뭇거리거나 망설이지 마십시오.

제가 하는 말을 받아들이면 여러분의 부모나 친지, 친구들이 말할 수 없는 위로와 위안이 될 것입니다. 여러분을 지금까지 키우느라 얼마나 많은 돈과 힘과 시간을 들였는지 모릅니다. 그런 그들에게 이런 위안을 주는 것이 마땅합니다. 젊은이들만이 줄 수 있는 기쁨과 즐거움이 있습니다. 에서나 홉니와 비느하스나 압살롬와 같은 자녀들이 끼치는 근심과 슬픔은 이루 말할 수가 없습니다. 솔로몬은 말합니다. "지혜로운 아들은 아비를 기쁘게 하거니와 미련한 아들은

결론

어미의 근심이니라"(잠 10:1). 이 사실을 잘 기억하고 하나님께 여러분의 마음을 드리십시오! 다른 사람들은 몰라도 제 말을 듣는 여러분만큼은 나중에 여러분의 "젊은 시절은 무질서했고, 어른이 되서는 고통의 연속이었으며, 노년은 후회만 가득하다"는 말을 듣지 말기 바랍니다.

여러분이 세상에 끼칠 수 있는 유익이 얼마나 큰지 한번 생각해 보십시오. 하나님의 탁월한 성도들은 거의 대부분 일찍부터 하나님을 찾았습니다. 모세, 사무엘, 다윗, 다니엘을 보십시오. 대부분 어려서부터 하나님을 섬겼습니다. 하나님께서는 어린 종들에게 특별한 영예가 돌아가도록 하기를 기뻐하십니다. 오늘날 청년들이 자신의 젊은 시절을 하나님께 구별하여 드릴 때에 어떤 일이 일어날지는 아무도 가늠하지 못합니다. 위대하고 선한 많은 일들이 우리 앞에 있지만, 정작 일꾼을 찾아보기는 어렵습니다. 진리를 전파할 온갖 기술이 다 갖추어졌지만, 성삭ㅗ 기술을 발휘할 일꾼은 없습니다.

사람을 찾는 일에 비하면 선한 일을 위해 재정을 확보하기는 수월한 편입니다. 새로운 교회들을 섬길 목사들이 필요합니다. 새로운 땅과 부족을 찾아갈 선교사들이 필요합니다. 주일학교에서 가르칠 교사들이 필요합니다. 일꾼이 없어서 많은 선한 일들이 적체되어 있습니다. 제가 언급한 이런 일들을 할 수 있는 경건하고 신실하고 믿을 만한 일꾼들이 턱없이 부족합니다.

 청년들이여, 하나님이 여러분을 원하십니다. 이제 움직여야 할 때입니다. 이전에 가졌던 이기심을 다 털어 버려야 합니다. 이전에 우리 조상들이 했던 것과 같은, 다른 사람에 대한 무관심과 무정함의 잠에서 깨어나야 합니다. "제가 형제를 지키는 자이니까?"라고 힐문했던 가인과 같은 생각을 부끄러워해야 합니다. 여러분이 긴요하게 필요한 곳은 셀 수 없이 많습니다. 여러분이 그런 곳으로 가고자 하기만 하면, 문이 활짝 열려 있습니다. 추수할 것은 많은데 일꾼이 적습니다. 선한 일에 열심을 내십시오. 이 시대의 악을 거슬러 주님의 일에 참여하는 자가 되십시오.

 이 일은 선할 뿐 아니라 선을 행하는 일이기 때문에 어떤 의미에서 하나님을 닮는 일입니다(시 119:68). 여러분의 주님과 구주의 발자취를 따르는 일입니다. "그가 두루 다니시

결론

며 선한 일을 행하시고"(행 10:38).

이것이 바로 불멸하는 영혼을 아름답게 하는 길입니다. 의심의 여지가 없습니다. 이런 사람이 세상을 떠나면 여호람이 아닌 요시아가 세상을 떠난 것처럼 모두가 아쉬워하고 슬퍼할 것입니다(대하 21:20). 자기 육신의 정욕만을 위해 경박하고 게으르고 이기적이고 교만하게 사는 것이 낫습니까? 아니면 나라와 세상에 복이 되고, 갇히고 포로된 자들의 벗이 되고, 이교도의 땅에 사는 수백 수만의 불멸하는 영혼들의 영적인 아비가 되고, 모두가 보고 모두가 읽을 수 있는 밝게 타오르는 빛과 그리스도의 편지가 되고, 여러분의 발자취를 따라 오는 모든 그리스도인들에게 영감을 주는 것과 같이 이웃에게 유익과 복이 되는 영광스러운 목적을 위해 사는 것이 낫습니까? 오, 이 물음에 대답하지 못할 사람이 어디 있습니까? 자명한 일이 아닙니까?

청년들이여, 여러분이 가진 책임을 기억하십시오. 신을 행하는 것이 얼마나 큰 특권이고 영예인지 생각해 보십시오. 바로 지금 이렇게 유익한 사람이 되기로 결심하십시오. 즉시 그리스도께 마음을 드리십시오.

하나님을 섬길 때 여러분의 영혼이 누릴 행복이 무엇인지 생각해 보십시오. 이 땅의 여정이 다하는 그날까지 여러분은 계속해서 그 행복을 맛볼 것입니다. 제 말을 믿으십시오. 여러분 주위에서 들리는 허탄한 소리에 귀를 닫고 제 말을 들으십시오. 심지어 이 땅에서조차 의인은 상급을 받습니다. 내생뿐 아니라 이생에서도 약속되어 있습니다. 하나님이 여러분의 벗 되심으로 누리는 평안이 있습니다. 여러분이 아무리 무가치해도 그리스도 안에서 자신이 완전하고 영원한 기업을 가졌으며, 잃어버리거나 빼앗길 수 없는 참된 것을 선택했다는 사실을 아는 데서 오는 참된 만족이 있습니다.

마음으로 믿음에서 떠난 자들은 자신이 택한 것으로 만족할지 모르지만, 여러분은 "마음이 굽은 자는 자기 행위로 보응이 가득하겠고 선한 사람도 자기의 행위로 그러하리라"는 말씀을 기억하십시오(잠 14:14). 세상에 속한 사람이 살아가는 길은 해가 갈수록 어두워져만 갑니다. 하지만 그리스도인이 가는 길은 계속해서 밝게 빛나고 점점 더 밝아집니다. 세상에 속한 사람들의 태양은 영원히 졌지만, 의인의 태양은 이제 막 떠올랐습니다. 그의 가장 좋은 것들이 이제 막 꽃 피기 시작했고, 영원히 피어날 것입니다. 반면에 세상 사람들이 붙든 것들은 허망하게 손가락 사이로 빠져나가 버리고 말 것입니다.

청년들이여, 저는 지금 진실을 말하고 있습니다. 제가 드리는 권고에 귀를 기울이고 온 마음으로 받으십시오. 십자가를 짊어지십시오. 그리스도를 따르십시오. 하나님께 자신을 온전히 드리십시오.